L'Or des Français

© 2024, Yannick Colleu

Édition : BoD • Books on Demand GmbH, In de Tarpen 42, 22848 Norderstedt (Allemagne)

Impression : Libri Plureos GmbH, Friedensallee 273, 22763 Hamburg (Allemagne)

Tous droits de reproduction, de traduction et d'adaptation réservés pour tous pays.

Le Code la propriété intellectuelle interdit les copies ou reproductions destinées à une utilisation collective. Toute représentation ou reproduction intégrale ou partielle faite par quelque procédé que ce soit, sans le consentement de l'auteur ou de ses ayants cause est illicite et constitue une contrefaçon sanctionnée par les articles L335-2 et suivants du Code la propriété intellectuelle.

En application de l'art. L.137-2.-I. du Code de la propriété intellectuelle, toute reproduction et/ou divulgation de parties de l'œuvre dépassant le volume prévu par la loi est expressément interdite.

ISBN : 978-2-3225-4143-0

Dépôt légal : septembre 2024

Yannick Colleu

L'Or des Français

Une enquête sur l'épargne or des Français

Sommaire

Introduction 9

Partie I 13

L'or des Français, un fantasme ? 14
    Des estimations sans démonstration 14
    Qu'en disent les sondages ? 21
    « Libérez le bas de laine ! » 22

Naissance, vie et mort des monnaies 26
    Qu'est-ce que la monnaie ? 26
    Comment naissent les monnaies ? 27
    Le Franc est-il immortel ? 30

Les monnaies d'or en France 36
    L'héritage monétaire de l'Ancien régime 36
    Le Franc germinal 41

L'or comme étalon monétaire 46
    L'étalon-or 46
    L'étalon change-or 48

Les Français et l'or 51
    Des Français figés dans le passé 52
    Un marché français étroit 57
        Des pénuries révélatrices d'un marché étroit 57
        Désaffection des Français pour l'or 59
        Le prix révèle un marché étroit 62
        Un volume de transactions particulièrement faible 64
        Un stock figé à 3000 tonnes 65

Partie II 69

Quels risques pour la survie de l'or ? 70
    La refonte ou la mort des monnaies 72
    Exportations et importations 73
    L'arbitrage entre l'or et l'argent 76
    Le métal présent dans l'autre métal 77
    L'or à usage industriel 78
    La rareté de l'or à l'étranger 82
        L'Union Monétaire Latine 83
    Les monnaies d'or victimes des guerres 90
        La défaite de 1815 90
        La guerre de 1870 92
        La Grande Guerre 95

- *La Deuxième Guerre Mondiale* 104
- *Bilan des pertes d'or du fait des conflits* 107
- Le recours à l'épargne des Français 108
  - *Les emprunts russes* 108
  - *Du franc germinal au franc Poincaré* 110
  - *Du franc Poincaré au franc du Front populaire* 113
  - *De la Quatrième à la Cinquième République* 115
  - *Bilan des recours à l'épargne des Français* 117

La vraie fausse monnaie 118
- Défendre le Franc 118
- « Faux monnayeurs » à l'œuvre 119
- De nouvelles pièces en or dans l'épargne des Français 123

Partie III 127

L'heure des comptes 128
- Recherche d'une estimation pour 1914 130
  - *De Foville – 1909* 130
  - *René Pupin – 1917* 133
  - *Jules Denuc – 1932* 137
  - *Pierre Sicsic – 1989* 137
- Estimation du maximum pour 1960 141
  - *Maximum possible à partir des pertes connues* 141
- Estimation du maximum pour 2024 149
  - *Estimation pour 2012* 151
  - *Estimation pour 2024* 153
- Que resterait-il de l'épargne or des Français aujourd'hui ? 153
  - *Monnaies d'or* 153
  - *Lingots d'or* 154

Conclusion 157

Postface 160
- Les monnaies modernes 160
- Les nouveaux services de gardiennage 161

Annexes 1 à 13 165

Bibliographie 182

Index des figures 184

Index des tableaux 186

Notes 188

Remerciements

Jean-Luc Grippari m'a fait l'amitié de bien vouloir accepter la tâche ingrate et chronophage de relecture. Ses conseils et ses observations sans concession ont très largement participé à enrichir cette communication.

En outre, ses recherches et ses publications sur la mystérieuse « refrappe Pinay » ont permis de révéler les tenants et les aboutissants autour de cette pièce. Sa contribution a beaucoup enrichi le chapitre dédié à ces pièces très particulières.

Je remercie doublement Jean-Luc.

La superbe couverture est le résultat de la conjugaison des talents d'une artiste et de sa maîtrise des outils informatiques.

Un grand merci à Cécile pour la réalisation de cette magnifique malle au trésor.

Le Service du Patrimoine historique et des archives de la Banque de France et le Service des archives économiques et financières du ministère de l'Économie et des Finances de Savigny-le-Temple ont été des sources d'information de premier ordre pour la rédaction de cet ouvrage.

Introduction

Évaluer le montant de l'épargne en or des Français relève de la quête du Graal !

La discrétion légendaire qui caractérise le détenteur d'or, la perméabilité des frontières, y compris dans les périodes de contrôle des changes, et l'absence de données officielles dans de nombreux domaines sont des obstacles majeurs à une étude sérieuse permettant d'approcher la réalité de cette épargne.

Le défi est de taille. En effet il ne s'agit ni plus ni moins que de déterminer combien les Français possèdent de monnaies et de lingots d'or alors qu'il n'existe aucun registre répertoriant ces détenteurs ni leurs avoirs, fort heureusement.

Malgré ces obstacles, et à défaut de chercher à répondre de façon complète et précise, cette communication propose au lecteur d'évaluer dans un premier temps le montant maximum que l'épargne en monnaies d'or françaises pourrait éventuellement représenter eu égard aux aléas documentés qui ont frappé les monnaies au fil des années. En revanche savoir, même approximativement, combien les Français détiennent de lingots d'or, relève d'un autre défi.

Détenir de l'or en France est une liberté qui a été rétablie en 1948[1] : « *La détention, le transport et le commerce de l'or sont libres sur le territoire français.* »

La France a connu des épisodes pendant lesquels les gouvernements ont tenté de lever ce voile de mystère qui couvre le trésor des Français, soit en en interdisant la détention, soit en lançant une tentative de recensement des détenteurs de celui-ci.

Les résultats n'ont jamais été à la hauteur de leurs objectifs. Paradoxalement c'est en faisant appel au patriotisme et à leur devoir de citoyens libres et responsables que les meilleurs résultats ont été obtenus.

Ces moments vitaux pour la survie du pays sont bien documentés. Les archives couvrant ces périodes révèlent l'effort réalisé par les Français dans les crises qu'ils ont vécues. Dès lors ces moments vont constituer des jalons privilégiés pour cette recherche.

L'enquête est structurée en trois parties.

La première partie couvre divers aspects permettant de préciser le contexte de l'enquête tel que, la vision des médias sur le sujet, l'appréciation du dynamisme du marché de l'or ou bien encore l'origine des monnaies d'or actuellement thésaurisées en France.

Dans un deuxième temps, sont passés en revue les différents facteurs et évènements pouvant contribuer à la perte de monnaies d'or. Lorsque des informations fiables existent, une estimation en est faite à chaque fois.

Enfin, la dernière partie de l'enquête, sans doute la plus délicate pour certains lecteurs, s'attache à évaluer, en plusieurs étapes, les pertes en monnaies d'or et propose d'en estimer le stock maximum pouvant être encore présent de nos jours.

Par souci de transparence, la démonstration est volontairement proposée pas à pas et de ce fait la facilité de lecture peut en être affectée.

L'Or des Français

L'Or des Français

Partie I

L'or des Français, un fantasme ?

Naissance, vie et mort des monnaies

Les monnaies d'or en France

L'or comme étalon monétaire

Les Français et l'or

L'or des Français, un fantasme ?

La France est souvent présentée comme un pays ayant affiché de tout temps une forte thésaurisation de l'or. Celui dont les habitants, à une époque glorieuse, possédaient, dit-on, à eux seuls 20 % ou 25 % de l'ensemble de l'or thésaurisé sur la planète.

Des estimations sans démonstration

Ainsi chaque année, depuis des lustres, la presse hexagonale nous affirme que l'épargne en or des Français est évaluée à 3000 tonnes de fin, si ce n'est parfois à 5000 tonnes.

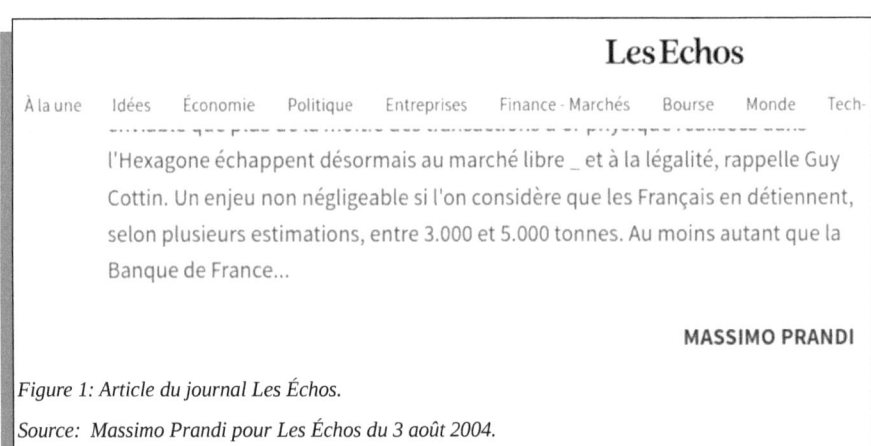

Figure 1: Article du journal Les Échos.
Source: Massimo Prandi pour Les Échos du 3 août 2004.

Certaines publications vont même jusqu'à donner des précisions sur la constitution de cette épargne mystérieuse considérant généralement que les monnaies d'or françaises y occupent la part du lion, soit les deux tiers de l'ensemble de l'épargne or.

> Publié le vendredi 20 octobre 2017 par **Denis Lapalus**, mis à jour le lundi 2 novembre 2020 à 10 h 15
>
> ## Un bas de laine en Or de 3.000 tonnes détenus par les ménages français
>
> Avec notamment 515 millions de pièces Napoléon frappées entre 1803 et 1914, les spécialistes s'accordent sur un bas de laine détenu par les particuliers français estimé à 3000 tonnes d'or sous forme de pièces (2/3, notamment des Napoléons) et de lingots (1/3), principalement acquis (à 80%) sous le régime de l'anonymat par héritage familial et transmission de la main à la main.
>
> *Figure 2: « Un bas de laine en Or ».*
>
> *Source: https://www.francetransactions.com/actus/news-finances/les-francais-detiennent-3-000-tonnes-d-or-soit-environ-105-milliards-d-euros.html*

La littérature n'est pas en reste. Plusieurs ouvrages avancent des chiffres. Ainsi René Sédillot[2] dans son ouvrage « Histoire de l'or »[3] retrace l'évolution de l'épargne aurifère des Français :

- 1914 : 1600 tonnes de monnaies d'or ;
- 1948 : 3000 tonnes mais sans en préciser la nature, monnaies ou lingots ;
- 1958 : 3900 tonnes, idem ;
- 1961 : 4000 tonnes, idem ;
- 1970 : 4700 tonnes, idem.

Il y reprend généralement des données publiées par Franz Pick[4], économiste d'origine tchèque naturalisé américain, et ardent promoteur de la cause de l'investissement en or. Dans ses bulletins Pick présentait les Français comme les champions du monde en matière d'épargne or. Selon lui ceux-ci détenaient 20 % du stock mondial d'or thésaurisé en 1970 soit 4700 tonnes après en avoir détenu le tiers en 1957.

Plusieurs auteurs se joignent au concours en proposant leurs propres estimations. Le tableau ci-dessous en donne trois exemples dont les chiffres semblent en cohérence avec ceux rapportés par René Sédillot.

Tableau 1 : Sources publiant des estimations des avoirs en or des Français.

Source	Année	Monnaies	Lingots
Banque de France *	1962	2 500 t	450 t
Revue « Le Creuset » du 8/11/1975 *	1975	2 500 t	1 000 t
Économie et statistiques n°281 **	1995	3 333 t	1 666 t
GFMS***	2000	2 400 t	1 200 t
François de LASSUS ****	2018	2 100 t	1 100 t

* Cité dans Hong Van Hoang. « La thésaurisation de l'or en France depuis 1914 – d'une thésaurisation monétaire à une thésaurisation refuge. » In : Revue numismatique, 6e série – Tome 168, année 2012 p 119-134.

** Gallais-Hamonno Georges, Arbulu Pedro. « La rentabilité réelle des actifs boursiers de 1950 à 1992. » In : Économie et statistique, n°281, 1995. pp. 3-30

*** Gold Fields Mineral Services cité par François de LASSUS dans « La place de l'or dans l'épargne des Français et les moyens pour la mobiliser » (page 67 de RÉALITÉS INDUSTRIELLES – NOVEMBRE 2018 – © Annales des Mines)

**** « Sources autorisées » citées par François de LASSUS dans « La place de l'or dans l'épargne des Français et les moyens pour la mobiliser » (page 67 dans RÉALITÉS INDUSTRIELLES – NOVEMBRE 2018 – © Annales des Mines).

Le plus souvent ces auteurs reprennent les chiffres d'auteurs antérieurs sans véritablement tenter d'en démontrer la crédibilité. À titre d'exemple penchons-nous sur une évaluation réalisée au sein de la Direction générale des études de la Banque de France. L'auteur en est inconnu mais les chiffres de cette évaluation sont cités par une économiste de renom[5] qui émet elle-même quelques réserves, justifiées comme nous le verrons plus loin.

Dans cette étude l'auteur a évalué, en milliards de francs, l'or détenu par les Français de 1807 à 1829.

Il est question ici de francs germinal de 1803 pour lesquels un franc est défini par 0,290322581 gramme d'or fin.

Or détenu par le public (milliards)

Année	Valeur	Année	Valeur	Année	Valeur
1807	5	1815	9	1823	6
1808	0	1816	2	1824	7
1809	0	1817	4	1825	0
1810	0	1818	8	1826	9
1811	2	1819	8	1827	5
1812	7	1820	9	1828	0
1813	3	1821	4	1829	2
1814	4	1822	3		

Figure 3: Or détenu par le public (milliards).
Source : Tableau extrait de Histoire monétaire de la France de Michèle Saint-Marc (1980) page 20.

Les données de ce tableau sont facilement traduisibles en tonnes d'or : 1 milliard de francs = 290,32 tonnes de fin.

Si l'auteur donne une estimation de 5 milliards de francs en 1807, ceci se traduira donc par un stock d'or de 1452 tonnes qui aurait été détenu par le public français de 1807.

Dès lors un exercice très simple consiste à rapprocher toutes ces évaluations du cumul des montants émis de monnaies d'or pour une année donnée.

Le résultat, dans le graphique ci-dessous dont les données sont initialisées sur la base de l'estimation du ministre des Finances Necker en 1784 d'un stock monétaire métallique de 2,2 milliards de livres (or, argent et billon), ne manquera pas d'interpeller le lecteur.

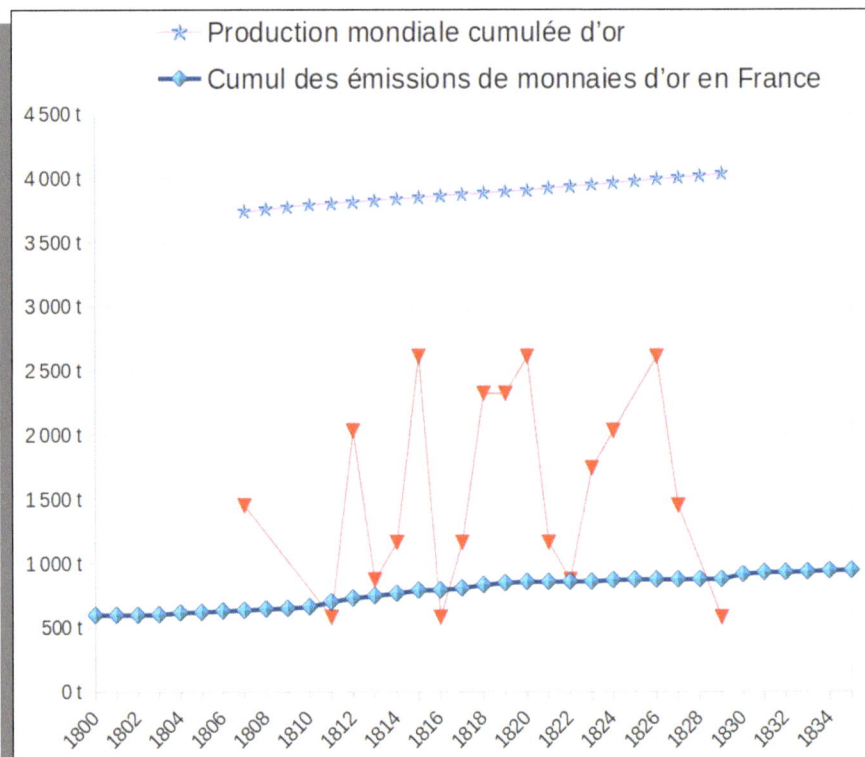

Figure 4 : Cumuls des émissions de monnaies d'or en France et de la production mondiale d'or, et évaluation du stock détenu par les Français par la Direction Générale des Études de la Banque de France.

Sources : Histoire monétaire de la France (Michèle Saint-Marc), Rapport au Ministre des Finances par l'Administration des Monnaies et Médailles, Or et monnaie dans l'Histoire (Pierre Vilar).

Note : Confrontation entre le cumul du tonnage de monnaies d'or françaises émises à une date donnée, la production mondiale d'or cumulée et les évaluations du stock d'or détenu par les Français à cette date par la Direction générale des études de la Banque de France citée, avec réserves, par Michèle Saint-Marc.

En effet, le volume d'or, supposé détenu par les Français à certaines dates, dépasse de très loin le volume cumulé d'or monétaire disponible en France pour la majorité des évaluations, y compris en prenant en compte en 1800 les 600 tonnes d'or de l'Ancien régime, chiffre très optimiste puisqu'il attribue, volontairement ici, toute l'estimation de Necker aux seules monnaies d'or.

Ceci pourrait s'expliquer par le fait que les Français auraient thésaurisé énormément de monnaies d'or de l'Ancien régime, néanmoins c'est une hypothèse qui sera réfutée plus loin, ou par le fait que la différence serait majoritairement constituée par une épargne en lingots d'or, explication qui sera également écartée dans la suite eu égard à la faiblesse de la production mondiale d'or à cette époque d'une part et, d'autre part par le fait que l'épargne était privilégiée sous la forme de monnaies plutôt qu'en lingots d'or.

L'évaluation donnée pour 1807 de 1452 tonnes d'or détenues par le public représenterait 39 % de la production mondiale cumulée d'or mise sur le marché depuis 1493[6]. Les évaluations faites pour les années 1818 à 1820, soit en moyenne 2400 tonnes par an, représenteraient 60 % de la production mondiale cumulée.

Cet auteur inconnu devait très certainement avoir une explication à cette véritable confiscation qu'auraient opérée à cette époque les Français sur la production mondiale d'or et par la même occasion à ce mouvement cyclique affectant l'épargne des Français, faisant passer le stock d'or du public d'un extrême à l'autre en quelques années comme le révèle le graphique.

Que ce soit cet inconnu, Franz Pick ou bien René Sédillot ou tout autre ayant fait l'éloge de l'épargne en or des Français, tous en vérité relaient les propos, considérés comme parole d'évangile et surtout de plus en plus mal interprétés avec le recul du temps, d'un ancien directeur de l'Administration des Monnaies et Médailles resté célèbre dans ce domaine et ayant écrit en février 1898 : « *Nos quatre milliards d'or monnayé font presque la cinquième partie du stock total des deux mondes et c'est là, ce nous semble, une constatation qu'il n'était pas superflu de bien mettre en lumière.* »[7]

Il renchérissait une semaine plus tard en écrivant : « *Nous possédons plus d'or monnayé qu'aucun peuple et nous avons le droit de nous en féliciter.* »[8]

Ceux qui ont repris, et reprennent encore, ces phrases ne se sont pas penchés sur les chiffres qui sont à l'origine de ce discours.

L'explication se trouve dans les rapports du directeur de l'Administration des Monnaies et Médailles au Ministre des Finances contemporains de l'époque pendant laquelle de Foville était en charge de cet établissement.

À la page 289 du rapport de 1897 le rédacteur reprend intégralement dans un tableau, intitulé « *Quantités de monnaie d'or par tête* », les résultats d'une étude publiée par la Monnaie des États-Unis (*US Mint*) sur la quantité de monnaie d'or en circulation par habitant dans les différents pays émettant des monnaies d'or.

Dans cette étude 1897 les estimations de l'*US Mint* attribuaient à la France un volume d'or monnayé rapporté à la population de 20,1 dollars par personne, contre 9,35 dollars par personne pour les États-Unis. Traduit en millions de francs, après avoir considéré toute la population, ceci correspond à un volume monétaire d'or de 4012 millions de francs en France et à 3484 millions de francs pour les États-Unis. Sachant que l'*US Mint* considérait alors que le volume d'or monnayé au niveau mondial était de 4 143,7 millions de dollars[9], la France détenait donc 18,68 % du total de l'or monnayé en 1897, soit environ « *la cinquième partie du stock total des deux mondes* », devant les États-Unis 16,2 %.

Tableau 2 : Quantités de monnaie d'or par tête en 1897.

Pays	Dollars /personne *	Francs /personne	Population	Montant par pays (million F)
États-Unis	9,35	48,46	71 893 048	3 484
France	20,1	104,18	38 517 975	4 012
TOTAL				21 480

Source :* *Données reprises du tableau page 289 du rapport de 1897 de l'Administration des Monnaies.*

L'ignorance sur l'origine de ce chiffre a conduit à transformer ces 20 % de l'ensemble de l'**or monnayé** au niveau mondial, en « *20 % du stock mondial d'or thésaurisé* », ce qui devient une affirmation fausse, et trompeuse, étant donné qu'il n'est absolument pas question ici de thésaurisation.

Le dynamisme de la croissance économique américaine et les conséquences désastreuses de la Grande Guerre pour la France qui, en revanche, s'est avérée être une aubaine économique pour les États-Unis, inverseront le ratio en faveur de ces derniers, et ceci malgré l'explosion démographique Outre-Atlantique.

Tableau 3 : Quantités de monnaie d'or par tête en 1897, 1911 et 1923.

Année	Pays	Dollars /personne	Ratio USA/France
1897*	États-Unis	9,35	0,47
	France	20,1	
1911**	États-Unis	18,29	0,78
	France	23,57	
1923***	États-Unis	38,29	2,12
	France	18,09	

* *Rapport au Ministre des Finances par l'Administration des Monnaies-1897 page 289.*
** *Rapport au Ministre des Finances par l'Administration des Monnaies-1911 page 251.*
*** *Rapport au Ministre des Finances par l'Administration des Monnaies-1923 page 449.*

Qu'en disent les sondages ?

À ce jeu des estimations s'ajoute périodiquement celui des sondages cherchant à percer le sentiment des Français sur le sujet.

En mai 2014 un sondage IPSOS[10] pour le négociant en métaux précieux CPoR-Devises[11] révélait que 12 % des plus de 18 ans possédaient une part de leur épargne en or d'investissement, c'est-à-dire sous la forme de lingots ou de pièces d'or d'investissement[12]. Ils représentent en 2014, selon l'INSEE, une population de 6 180 000 personnes qui posséderaient chacune, en moyenne, 485 grammes d'or d'investissement (l'équivalent de 80 pièces de 20 francs or) si l'estimation de 3000 tonnes était avérée, sinon 809 grammes (l'équivalent de 140 pièces de 20 francs or) pour une estimation portée à 5000 tonnes.

Toujours selon ce sondage, pour 80 % de celles-ci, soit pour environ 5 millions de personnes, cet or leur aurait été transmis par héritage ou par donation. Si on considère que ces dernières en détiennent en moyenne à peu près au même niveau que l'ensemble, elles en détiendraient donc à elles seules par transmission, selon l'hypothèse choisie, soit 2400 tonnes, soit 4000 tonnes.

Tableau 4 : Estimations d'or détenu d'après les éléments d'un sondage.

Hypothèse (t)	Par personne (g)	Transmission (t)
3 000 t	485,44 g	2 400 t
5 000 t	809,06 g	4 000 t

Un autre négociant en métaux précieux, la société AuCOFFRE, a fait réaliser par le cabinet IFOP[13] un sondage équivalent en 2013 et en 2014 donnant des résultats assez proches de celui obtenu par IPSOS. Selon IFOP le pourcentage de la population française de plus de 18 ans détenant de l'or d'investissement serait de 13 et 16 % respectivement pour 2013 et 2014. En revanche en 2017 le sondage réalisé par OpinionWay[14], toujours pour AuCOFFRE, limite ce pourcentage à 8 %.

En reprenant la démarche suivie plus haut ces estimations font varier le patrimoine historique transmis de 2200 à 3600 tonnes d'or.

Sachant, comme il sera démontré plus loin, que l'essentiel de l'or transmis provient de l'époque héroïque du franc germinal, dont le volume total émis (jetons compris) de 1803 à 1960 a été de 3743 tonnes d'or monétaire, la crédibilité de ces estimations pourra être évaluée en les confrontant avec le volume d'or qui aurait pu parvenir jusqu'à nous en dépit des innombrables grignotages que lui ont fait subir les aléas de l'Histoire et du hasard.

« Libérez le bas de laine ! »

Ces 3000 tonnes d'or alimentent une autre légende récurrente dans les médias, un marronnier. L'or thésaurisé a toujours fasciné et, en même temps, nourri les sarcasmes, surtout de la part de ceux qui n'en détiennent pas.

Cette montagne présumée d'or fait donc rêver mais en même temps dérange la doxa financière qui est unanime sur un point : un tel pactole devrait servir à l'économie et ne pas rester immobilisé dans les coffres et sous les matelas des Français.

LesEchos

S'ABONNER

À la une Idées Économie Politique Entreprises Finance - Marchés Bourse >

90 milliards d'euros d'or figés dans le bas de laine des Français

La détention d'or sous forme de pièces et de lingots par les particuliers représente une réserve financière de 90 milliards d'euros.

Figure 5: Article dans Les Échos du 21 novembre 2014.

Source: https://www.lesechos.fr/2014/11/90-milliards-deuros-dor-figes-dans-le-bas-de-laine-des-francais-314081

Libérer le bas de laine Or et orienter les produits de la vente vers le financement de l'économie.

Selon l'enquête IPSOS de 2014, 50% des particuliers détenteurs se declarent prêts à vendre leur or en cas d'évolution favorable de la fiscalité ; 8% précisent qu'ils vendraient « certainement » leur or si la taxe évoluait dans le sens d'une harmonisation à la baisse (par ex. alignement sur le régime des bijoux à 6,5%, avec une franchise de 5000 euros).

Figure 6: Article sur le site web de FranceTransactions.com du 20 octobre 2017.

Source: https://www.francetransactions.com/actus/news-finances/les-francais-detiennent-3-000-tonnes-d-or-soit-environ-105-milliards-d-euros.html

Ces économistes, ou du moins certains se présentant comme tels, ont des étoiles dans les yeux à la seule perspective que les Français auraient la capacité de revigorer l'économie du pays en vendant leur or pour investir ensuite dans le tissu économique.

> ## La place de l'or dans l'épargne des Français et les moyens pour la mobiliser
>
> François de Lassus
>
> DANS ANNALES DES MINES - RÉALITÉS INDUSTRIELLES 2018/4 (NOVEMBRE 2018), PAGES 66 À 71
> ÉDITIONS INSTITUT MINES-TÉLÉCOM
>
> ISSN 1148-7941
> DOI 10.3917/rindu1.184.0066
>
> *Extrait :*
>
> « Une telle contribution de l'or à l'effort national engagé en faveur de la reprise économique si elle intervenait rappellerait les grandes campagnes du XXe siècle appelant les Français à se séparer de leur or pour soutenir les efforts de guerre.
>
> Il s'agit aujourd'hui de mobiliser l'épargne d'or figée des particuliers pour soutenir l'effort de redressement dans le cadre de la « guerre économique ».
>
> \---------------------------
>
> *Figure 7: « La place de l'or dans l'épargne des Français et les moyens pour la mobiliser » par François de Lassus (CPoR Devises, groupe Tessi)*

3000 tonnes d'or, au cours actuel, c'est l'équivalent de plus de 200 milliards d'euros. Si les Français, détenteurs d'or, vendaient leur métal contre des euros, ces euros ne viendraient pas de nulle part. Les acheteurs échangeraient leurs propres euros contre ce métal jaune. Par ailleurs ces euros ne tomberaient pas du ciel mais proviendraient en partie de l'épargne et de placements nourrissant d'ores et déjà l'économie.

Au final il ne se serait rien passé dans cet échange : **l'or a changé de main, les euros aussi.** Le bilan financier est toujours nul dans une transaction. Ce principe prévaut aussi pour les actions. Lors d'une transaction d'actions, celles-ci ont changé de main, les euros correspondants aussi.

Comprendre ce principe élémentaire ne nécessite aucune connaissance en économie mais juste un brin de jugeote.

Mais contrairement à beaucoup d'autres produits financiers, l'or d'investissement a cette particularité de ne pas créer d'obligation. En effet, le détenteur d'or n'est le créditeur de personne. N'ayant aucun débiteur en face de lui, il est donc à l'abri d'un éventuel défaut.

Ce qui n'est pas le cas de nombre de placements financiers.

Naissance, vie et mort des monnaies

L e lecteur a compris que le sujet tourne autour de la monnaie et plus particulièrement de la monnaie d'or. Pour une parfaite compréhension de ce qui suit, certains termes utilisés dans la sphère monétaire, et de l'épargne en or en particulier, méritent d'être clairement définis.

Qu'est-ce que la monnaie ?

Par expérience, la compréhension du mot « monnaie » est tout sauf largement partagée dans la société.

En langage courant, il faut distinguer « la monnaie » d'une part et « les monnaies » d'autre part. La proximité syntaxique de ces mots est à la source de nombreuses erreurs, y compris de la part d'économistes de renom.

La **monnaie** désigne l'unité monétaire utilisée pour évaluer la valeur des biens et des services, permettant ainsi de les comparer. Il s'agit donc d'une notion purement immatérielle et arbitraire. Ainsi, l'article L111-1 du Code monétaire et financier arrête que « *la monnaie de la France est l'euro* ». Rien de plus !

Dans le langage courant, les **monnaies** désignent des **moyens de payement** reconnus légalement et, à ce titre, porteurs d'un certain nombre d'unités de valeur libellées en monnaie (ou valeur faciale). Ces monnaies, majoritairement métalliques et sous la forme de pièces de nos jours, sont utilisées en échange de biens et de services ou pour thésauriser de la valeur exprimée dans la **monnaie**.

Comme le démontre clairement l'anthropologue David Graeber[15] dans son ouvrage monumental, « Dette : 5 000 ans d'Histoire » la monnaie peut exister sans l'existence de moyens de payement, c'est-à-dire sans les monnaies telles que nous les connaissons.

> *« De fait, Graeber rappelle que la monnaie a historiquement peu servi comme <u>moyen d'échange</u>, mais plutôt comme <u>unité de compte</u>. Ainsi, certaines monnaies peuvent continuer d'exister dans les livres de compte et déterminer la valeur des dettes et des achats, alors même qu'elles ont disparu en tant que pièces. C'est par exemple le cas des monnaies carolingiennes dont le système monétaire — fondé sur des livres des sous et des deniers —, a continué d'exister jusqu'à 800 ans après la chute de l'empire de Charlemagne (Graeber, 2013, p. 61-62). »*[16]

Dans la suite l'utilisation du terme « monnaies » désignera donc des pièces ayant ou ayant eu cette propriété de moyen de payement légal. Par contre, une pièce désignera autant un moyen de payement légal qu'un simple jeton.

Au passage le lecteur notera que les trois fonctions communément utilisées par nombre d'auteurs – y compris parmi de célèbres – pour définir la monnaie, soit la trilogie « unité de compte, intermédiaire des échanges, et réserve de valeur », ne désignent non pas la monnaie mais les moyens de paiement s'agissant des deux dernières fonctions.

Comment naissent les monnaies ?

Les monnaies sont fabriquées par un organisme à partir de métaux, précieux ou vils. Cet organisme ou **hôtel des monnaies** (la Monnaie de Paris en France par exemple) livre ainsi des pièces métalliques à l'État souverain ayant ordonné cette fabrication. C'est ce dernier qui délivrera par une proclamation solennelle (décret, arrêté, etc.) l'acte de naissance transformant ces métaux ouvragés en monnaies, donnant ainsi un pouvoir particulier à ces disques de métal, celui du **cours légal**, c'est-à-dire le pouvoir d'éteindre une dette à concurrence de la valeur faciale, définie en unité monétaire par l'autorité souveraine, et le pouvoir de s'imposer au créditeur qui ne peut les refuser.

La vie des monnaies commence véritablement lors de leur **mise en circulation** par l'autorité de contrôle monétaire locale, en l'occurrence par la Banque de France[17] dans l'Hexagone, par délégation de la Banque centrale européenne de nos jours. Néanmoins la banque peut se réserver une partie du volume destiné à la circulation dans le public. Celle-ci sera délivrée au public en fonction des nécessités de pilotage de la politique monétaire.

Les monnaies, d'or, d'argent ou de métal vil, meurent de plusieurs causes.

Par exemple en application des décisions de **démonétisation** la banque émettrice procède au **retrait** des monnaies désignées par l'autorité souveraine. Dès lors celles-ci perdent leur cours légal et sont retirées de la circulation monétaire. Elles retournent ainsi à l'état de simples pièces métalliques et font le bonheur des numismates, et des épargnants lorsqu'elles sont thésaurisées pour la valeur de leur métal ou pour leur intérêt historique.

Mais parfois leurs corps disparaissent sans laisser de trace. En effet l'utilisation intensive des monnaies métalliques les expose à une usure les rendant moins acceptables, c'est le **frai** qui allège le poids[18] des pièces et condamne les **monnaies frayées** à la **fonte,** soit pour servir dans des usages industriels, soit pour un retour vers l'émetteur sous la forme de lingots pour être ensuite utilisés pour la création de nouvelles monnaies.

À une époque où les monnaies métalliques d'or et d'argent prévalaient dans les transactions quotidiennes, le frai sévissait plus fortement sur les monnaies de petite valeur nominale que sur les autres. En 1983 Guy Thuillier[19] écrivait : « *En 1884, près de 7 % des pièces de 20 francs, 46 % des pièces de 10 francs étaient tombées en dessous de la tolérance du frai. En 1911, les pièces légères, d'après un sondage, représentaient 12 % des pièces de 20 francs et 75 % des pièces de 10 francs. L'usage pour les règlements importants en espèces était de peser les monnaies en rouleaux, et les règlements avec l'étranger se faisaient au poids* »

Pour les monnaies d'or françaises en franc germinal, les normes d'acceptation pour le maintien du cours légal étaient fixées par la Loi de l'an XI qui arrêtait ainsi à 2 millièmes du poids droit[20] l'usure maximum admissible. Puis, dans le cadre de l'Union latine[21], les tolérances ci-dessous ont été adoptées pour toutes les monnaies d'or émises par les États signataires.

MÉTAL. Pièces d'or.	POIDS DROIT EN GRAMMES.	TOLÉRANCE DE FABRICATION en millièmes du poids droit.	TOLÉRANCE DE FRAI en millièmes du poids minimum de fabrication.	LIMITE INFÉRIEURE du poids des pièces en grammes.
100 francs....	32.25806	1	5	32.06451
50 — ...	16.12903	1	5	16.03225
40 — ...	12.90322	//	//	//
20 — ...	6.45161	2	5	6.406517
10 — ...	3.22580	2	5	3.203254
5 — ...	1.61290	3	5	1.60002

Figure 8: Rapport au Ministre des finances pour l'année 1896 par l'Administration des monnaies et médailles (page XII).

Les observations statistiques menées au XIXe siècle par la Monnaie de Paris ont montré que les monnaies d'or de 20 francs perdaient par an en moyenne un dix-millième et celles de 10 francs or trois dix-millièmes de leur poids. Ceci permet de se faire une idée par le calcul de l'« espérance de vie » moyenne, avant d'atteindre la limite inférieure définie. Une pièce de 20 francs or aurait donc une espérance de vie de 70 ans et une pièce de 10 francs de 24 ans avant d'être hors tolérance.

Avec ces éléments il est possible d'estimer ce que le frai et ces limites de tolérance, à eux seuls – donc sans prendre ici en considération les démonétisations officielles – pourraient avoir laissé de monnaies germinales disponibles en 1914, 1950 et en 2024 :

Tableau 9 : Estimations de l'impact du frai en 1914, 1950 et 2024 sur les monnaies de 10 et 20 francs.

Monnaies	Total des frappes (1803-1950)	Stock 1914	Stock 1950	Stock 2024 *
10 francs	371 t	76 t	0 t	0 t
20 francs *	2 989 t	2 698 t	0 t	0 t

* le calcul ne prend pas en compte les 217 tonnes de jetons commercialisés de 1951 à 1960.

Ces résultats sont bien évidemment des indications très approximatives et purement théoriques. En effet cette approche ne prend pas en compte plusieurs facteurs pouvant potentiellement peser sur le stock de monnaies tels que les décisions de démonétisation ou les évènements exceptionnels.

En outre, elle ne considère pas les changements dans les pratiques monétaires du public. En effet, jusqu'à 1914 les monnaies d'or étaient encore des moyens de payement du quotidien, la manipulation des pièces était source de frai et de pertes. Dès l'ouverture des hostilités, ces pratiques ont brutalement disparu pour ne plus véritablement jamais reprendre. L'été 1914 marque donc le basculement des monnaies d'or du statut de moyen de payement à celui d'objet de thésaurisation.

Outre le frai, les vicissitudes de la vie quotidienne et de la géopolitique font que ces biens ont été susceptibles de se perdre, d'être volés, confisqués ou exportés vers un pays étranger. Ceci sera pris en compte à chaque fois que des sources fiables en donneront une estimation.

Le Franc est-il immortel ?

Lorsque les monnaies en euros ont remplacé définitivement celles en francs, le 17 février 2002, l'ensemble de la presse a versé une larme en publiant des articles reconstituant le parcours historique du franc en remontant à 1360.

Alors qu'il venait tout juste de signer le décret de retrait du cours légal des moyens de payement libellés en francs, le Premier ministre Laurent Fabius déclarait en forme d'épitaphe *« Le franc s'en va, il aura rendu beaucoup de services »* se référant à nombre d'événements dans l'histoire de la France.

Comment peut-on prétendre que le franc de 2002 puisse avoir, outre cette rassurante homonymie, un quelconque rapport de parenté avec le Franc-or[22] de l'ordonnance royale de Compiègne du 5 décembre 1360 ?

Figure 9: Article de Philippe Quillerier (17/02/2002) sur RFI

Si de nos jours la valeur des monnaies nationales au change varie en permanence les unes par rapport aux autres, faisant le bonheur des cambistes qui spéculent sur le Forex[23], il n'en était pas ainsi avant 1976[24] et les accords de la Jamaïque (en vérité il s'agit plutôt ici d'un non-accord).

Jusqu'alors le change entre monnaies était construit sur la base de parités fixes mais ajustables. L'ajustement du pair intervenait, alors qu'un déséquilibre apparaissait dans la balance des payements internationaux. Cet ajustement prenait la forme d'une nouvelle définition de la monnaie, définition exprimée soit en quantité de métal, or ou argent, voire en parité vis-à-vis d'une autre monnaie[25]. Changement après changement l'unité monétaire finale n'avait plus rien à voir avec l'unité initiale. D'un changement à un autre, une monnaie laissait la place à une nouvelle monnaie. Prenons l'exemple du Franc.

La première utilisation du nom « franc » pour une monnaie est dérivée de la frappe de pièces d'or valant une livre tournois frappée en 1360 par le roi Jean II le Bon et baptisée « franc à cheval ». Puis, à partir du XVIe siècle, franc et livre tournois deviennent des unités de compte synonymes.

L'appellation « franc » était reprise en 1795 par la Révolution en ces termes : «
> « *L'unité des monnaies prendra le nom de franc pour remplacer celui de livre usité jusqu'aujourd'hui »*[26] et *« cinq grammes d'argent, au titre de neuf dixièmes de fin, constituent l'unité monétaire qui conserve le nom de franc. »*[27]

Cette définition est approximativement celle de la livre définie en 1726 — 4,50516 grammes à comparer à 4,5 grammes pour le franc révolutionnaire — assurant ainsi une certaine continuité des espèces monétaires d'un régime à l'autre. Un franc s'échangeait désormais pour une livre et trois deniers.

Enfin la loi du 7 germinal An XI (23 mars 1803) complétait la définition du franc révolutionnaire en fixant le rapport entre l'or et l'argent à 15,5. La frappe devenait libre, elle était exonérée de taxes et de droits de seigneuriage. Le franc révolutionnaire était désormais le franc germinal, appelé aussi franc Bonaparte.

Malgré trois occupations du territoire par des troupes étrangères (1814, 1815 et 1870) et trois révolutions (1830, 1848 et 1871) la stabilité monétaire du franc germinal restera constante pendant 111 ans. Une performance exceptionnelle notamment au regard de ce que le lecteur découvrira plus loin.

Cette stabilité ne résistera pas au premier conflit mondial. Les situations budgétaire et économique de la France ne permettaient pas de revenir à la parité d'avant-guerre. À partir de 1926, des mesures drastiques étaient prises pour stabiliser la chute du franc vis-à-vis des monnaies phares, dollar américain et livre sterling. Ces mesures devaient porter leurs fruits : le 25 juin 1928 une nouvelle définition du franc était arrêtée :

> *« Art. 2.- Le Franc unité monétaire française, est constitué par 65,5 milligrammes d'or au titre de 900 millièmes de fin... »*

La chute est vertigineuse l'unité monétaire de la France passe de 0,290322 gramme d'or fin à 0,05895 gramme. Une amputation de près de 80 % !

Le franc germinal est mort, vive le « franc à quatre sous » ou franc Poincaré pour éviter de le confondre avec son aîné. Il aurait très bien pu s'appeler n'importe comment, car il est certain que ce n'est plus la même unité monétaire. Maintenir l'appellation « franc » était juste une question de fierté nationale, un subterfuge psychologique pour laisser accroire à la continuité de la monnaie.

Et cette fierté nationale n'avait pas fini d'être mise à rude épreuve. Le franc Poincaré passera de « quatre sous », à « trois sous » puis à « deux sous et demi ».

La sentence tombait le 1er octobre 1936. La loi arrêtait alors que le franc Poincaré avait vécu :

> *« Art. 2.- La nouvelle teneur en or du Franc, unité monétaire française, sera fixée ultérieurement par un décret pris en conseil des Ministres ; le poids du Franc ne pourra être ni inférieur à 43 milligrammes, ni supérieur à 49 milligrammes d'or au titre de 900 millièmes de fin. »*

Une dévaluation qu'on n'osait nommer. Ce franc à « trois sous » c'est en fait le franc germinal amputé de 84,81 à 86,67 % de sa valeur.

Le franc Poincaré était mort, vive le franc Auriol !

La mission de maintenir ce franc dans la fourchette définie par la loi incombait à un nouvel organisme, le Fonds de stabilisation des changes[28] dont la gestion fut confiée à la Banque de France.

Aux difficultés économique, budgétaire et monétaire s'ajoutaient ensuite l'occupation du pays par les forces allemandes qui mettaient la monnaie française sous tutelle jusqu'en juin 1944 en lui imposant une parité très défavorable.

L'Après guerre n'apportait aucun répit à la monnaie de la France. Le franc se disloquait année après année. En 1945 l'unité monétaire s'identifiait à 0,00746 gramme d'or soit l'équivalent de 2,6 % du franc germinal. Puis 1958 verra l'unité finir son effondrement à 1,8 milligrammes d'or soit 0,0018 gramme ou 0,62 % du franc germinal et retrouver enfin sa convertibilité (avec des restrictions dissuasives).

Le véritable sauvetage de l'unité monétaire nationale interviendra après le 27 décembre 1958. Considérant le franc d'alors « trop léger » le président de Gaulle arrêtait l'alourdissement du franc pour le 1er janvier 1960 par la création d'un « nouveau » franc convertible en or au taux de 200 milligrammes au titre de 900 millièmes de fin :

> « *Art. 1.- À compter d'une date qui sera fixée par décret, et au plus tard le 1er janvier 1960, il sera créé une nouvelle unité monétaire française, dont la valeur sera égale à 100 francs.* ».

Encore une fois la création d'une nouvelle unité monétaire se fait par changement de valeur, mais sans changement de nom.

Le franc Baumgartner était mort, vive le nouveau franc ou franc lourd ou franc Pinay, ou bien encore franc de Gaulle.

« En droit comme en fait, le franc Bonaparte est mort ; le franc de Gaulle est bien une nouvelle unité monétaire française. Inutile de comparer francs d'autrefois et demain, centimes d'autrefois et demain. En dépit du nom, ils n'ont rien de commun. Le passé est passé. »[29]

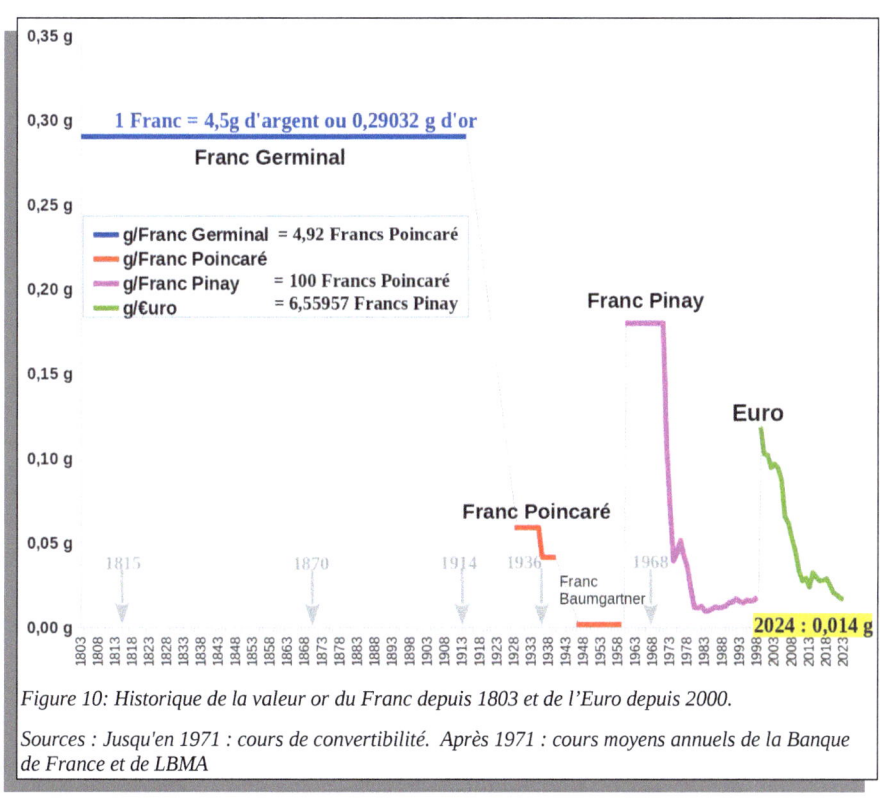

Figure 10: Historique de la valeur or du Franc depuis 1803 et de l'Euro depuis 2000.
Sources : Jusqu'en 1971 : cours de convertibilité. Après 1971 : cours moyens annuels de la Banque de France et de LBMA

Le tableau de l'annexe 4 rassemble toutes les définitions du franc de 1803 à 1960.

Les monnaies d'or en France

De nos jours les émissions de monnaies d'or sont une curiosité bien qu'il soit encore possible d'acquérir des pièces récentes auprès de la Monnaie de Paris. Néanmoins ces monnaies sont vendues avec des primes dissuasives[30] et dès lors sont des produits totalement inadaptés à l'épargne. En outre les volumes émis sont insignifiants en regard de ceux des émissions historiques (voir annexe 3) ce qui n'a aucune influence notable sur l'épargne globale des Français.

Il faut donc se pencher sur l'histoire des monnaies d'or en France, et plus particulièrement sur le volume que celles-ci représentaient avant de passer à l'évaluation du volume de monnaies qui auraient survécu jusqu'à notre époque.

Les monnaies contemporaines ont hérité du système monétaire décimal retenu par la Révolution américaine en 1786 et repris en France le 22 août 1790 par l'Académie des sciences. Ces monnaies affichent toutes des valeurs faciales. Ceci nous semble normal et beaucoup de personnes pensent qu'il en a toujours été ainsi depuis la nuit des temps. Eh bien, non !

L'héritage monétaire de l'Ancien régime

Le système monétaire d'avant 1793 était un système mixte duodécimal et vicésimal[31]; ainsi l'ancienne livre tournois se divisait en 20 sols ou sous et le sou en 12 deniers.

Pour compliquer un peu plus les choses, les monnaies d'or, d'argent et de billon ne portaient aucune valeur faciale. Aussi « *l'unité de compte,* monnaie imaginaire, est séparée des moyens de payement, monnaies réelles, qui circulent avec leur propre système de dénomination et doivent être converties dans l'unité de compte pour s'échanger entre elles ou être rapportées les unes aux autres »[32].

Très concrètement ceci veut dire que : « *Les pièces ne portent pas d'indication de leur valeur ; l'autorité émettrice (roi, seigneur, ville) décide du poids et du titre de chaque espèce et affecte arbitrairement à chaque pièce un cours officiel en monnaie de compte exprimé en sous, deniers, obole.* »[33]

L'avantage de cette dichotomie est de permettre d'associer les moyens de payement (ou monnaies dans le langage courant) – c'est-à-dire les pièces de métal – à chaque évolution de l'unité monétaire, c'est-à-dire au changement de monnaie.

En jouant sur ces deux dimensions monétaires, l'une virtuelle (cours officiel), l'autre réelle (titre et poids de métal précieux), nombre de souverains ont ainsi usé et abusé de manipulations sur la monnaie pour conduire leur dessein politique.

En 1857, l'historien Natalis de Wailly recensait ainsi 369 mutations monétaires depuis le règne de Louis IX jusqu'en 1803 et 26 depuis 1720 : « *La plupart ignorent, d'autres ne se souviennent point assez qu'il fut un temps où le pouvoir souverain s'arrogeait le droit de changer arbitrairement le poids, le titre ou le cours des espèces , et semblait ne se réserver la fabrication des monnaies que pour ruiner ses débiteurs, et faire banqueroute à ses créanciers.* »[34]

Plus récemment l'historien Daniel Dessert, spécialiste de l'Ancien Régime évoquait aussi ces manipulations monétaires dans le magazine Politique Internationale[35] : « *Ainsi, durant son règne, Louis XIV procède à 43 mutations monétaires et à 36 variations du rapport or-argent. Concrètement, en empruntant 120 livres quand l'écu en vaut 3, il encaisse 40 écus. Mais au jour du remboursement, en décidant que l'écu en vaut 4, il restitue 30 écus ! L'économie est loin d'être négligeable !* »

Le casse-tête changeait de dimension lorsqu'il était question de comparer monnaies françaises et monnaies étrangères, dont la circulation dans l'Hexagone de ces dernières n'était pas négligeable.

Le régime monétaire de l'Ancien régime fut remplacé en deux temps[36]. En 1790, le système décimal devenait la norme en France puis par la loi du 7 germinal (28 mars 1803) le franc germinal voyait le jour. Dès lors, monnaie « imaginaire » et monnaies réelles fusionnaient et ne faisaient plus qu'un.

Après la naissance du franc germinal était promulguée le 24 germinal (14 avril 1803) une nouvelle loi favorisant la refonte des monnaies de l'Ancien régime. Cette loi précisait que les pièces d'or altérées ne seraient prises en considération que pour leur poids et refondues.

À la séance du 30 mars 1829, lors de nouveaux débats parlementaires sur le projet de loi relatif à la refonte et au retrait du cours forcé à compter de 1834 des monnaies de l'Ancien régime, le ministre des Finances révélait l'estimation de la Commission des monnaies du volume de monnaies anciennes en or toujours en circulation : « *il paraîtrait rester en circulation des monnaies d'or anciennes pour une somme de 603 694 665,32 F* »[37].

Ce montant représentait alors environ 175 tonnes d'or fin. Le projet de loi avait précisément comme objectif de retirer ces monnaies anciennes de la circulation et d'utiliser ainsi leur métal pour la frappe de nouvelles monnaies en francs germinal.

Le comte Mollien, rapporteur de la Commission des monnaies, affirmait le 27 mai de cette même année devant la Chambre des Pairs que « *… les monnaies duodécimales depuis 1814, ont fourni une bonne partie du métal utilisé pour la frappe des espèces nouvelles.* »[38]

Cet avis était confirmé par le ministre des Finances qui précisait que le chiffre de 175 tonnes de pièces survivantes surévaluait très certainement la réalité car « *… indépendamment de la dissémination des espèces à la suite d'une révolution et de guerres lointaines, une autre cause peut être plus puissante encore a contribué à réduire considérablement la masse des espèces d'or en circulation : des expériences récentes prouvent que les louis de 1786 contiennent comme alliage de 60 à 70 millièmes d'argent par kilogramme d'or. Le retrait de cette partie d'argent ayant offert au commerce des bénéfices assez considé-*

rables pour le porter à refondre cette monnaie et la convertir en lingot, on est fondé à penser que <u>la plus grande partie des anciennes monnaies d'or a disparu dans le creuset des affineurs</u>. Ce fait est confirmé par l'observation de la Commission des monnaies, que depuis longtemps les hôtels des monnaies ne reçoivent plus de louis de 1786. »

Par ailleurs la loi de 1803 instituait de fait en France un système bimétalliste, argent et or, et en fixait les trois conditions suivantes :

- un rapport légal fixe entre les deux métaux, l'or ayant une valeur 15,5 fois supérieure à celle de l'argent,
- l'attribution à chacun des deux métaux du pouvoir libératoire illimité,
- et la frappe libre de monnaies d'or et d'argent par l'État sur demande des particuliers[39].

En d'autres termes, il suffisait à un particulier de fournir un lingot d'argent ou d'or pour obtenir des monnaies d'argent ou d'or.

Cette dernière disposition ne manquera pas de conduire à d'importants dérèglements monétaires. Ainsi, en juin 1843, le député Armand Lherbette interpellant monsieur Dumas, Commissaire du Roi[40], s'interrogeait sur l'impact des activités de monnayage illimitées et les pratiques des « *maisons de banque* » qui ont depuis une vingtaine d'années « *eu pour résultat de diminuer en France la quantité de l'or d'à peu près 7/8 et d'augmenter dans une proportion correspondante la quantité monétaire de l'argent* ». La réponse de monsieur Dumas confirmait ce propos.

Il existe une autre façon d'apprécier le rôle qu'aurait pu jouer l'or de l'Ancien régime dans l'épargne or des Français d'aujourd'hui. Le volume de monnaies d'or frappées était directement lié à la disponibilité du métal et donc en grande partie à la production mondiale d'or.

Cette production mondiale, comme le montre le graphique ci-dessous, est restée très modeste et n'a véritablement commencé à croître significativement qu'à partir de 1850.

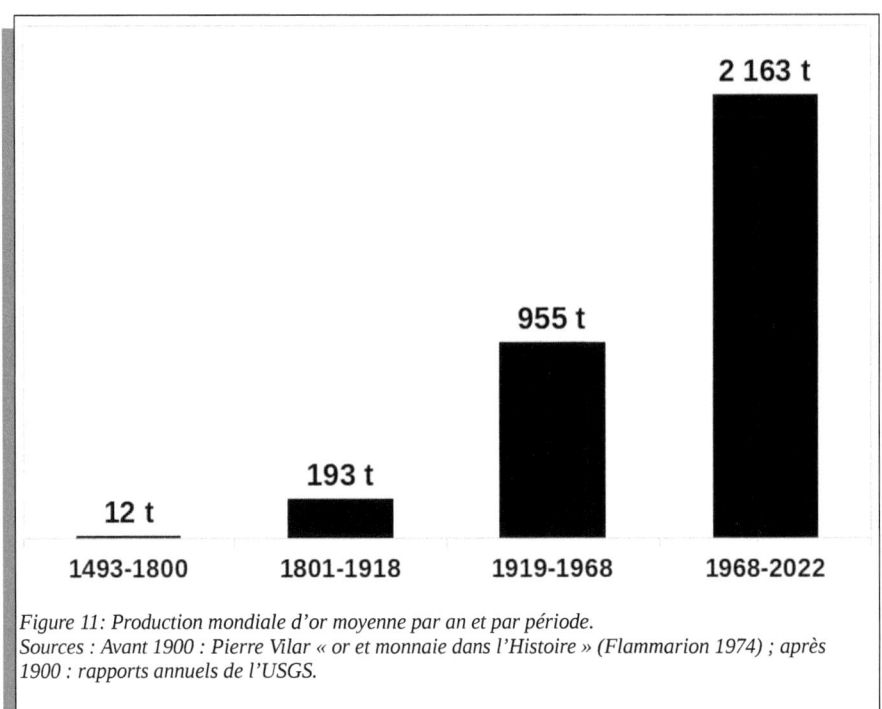

Figure 11: Production mondiale d'or moyenne par an et par période.
Sources : Avant 1900 : Pierre Vilar « or et monnaie dans l'Histoire » (Flammarion 1974) ; après 1900 : rapports annuels de l'USGS.

Malgré ce faible niveau, le volume d'or monétaire français était considéré, à juste titre, comme élevé. Alfred de Foville notait « *Déjà sous l'ancien régime, la France était le pays d'Occident qui possédait la circulation monétaire la plus copieuse* ». Il est néanmoins important de bien noter que cette abondance française n'était que relative. Entre 1726, date de la refonte générale des monnaies d'or et d'argent, et 1780, seulement 957 millions de livres de monnaies d'or ont été mises en circulation ce qui représente moins de 300 tonnes d'or.

Enfin en 1784, le ministre Necker évaluait le stock monétaire du royaume, soit l'ensemble des monnaies d'or, d'argent et de billon, à seulement 2,2 milliards de livres. Pour donner un ordre d'idée de la pauvreté monétaire que représente cette somme : si celle-ci était entièrement attribuée aux monnaies d'or, ce qui n'était pas le cas, 2,2 milliards de livres représenteraient « seulement » 640 tonnes d'or.

En conclusion, le volume de monnaies d'or de l'Ancien régime, s'il était parfois jugé exceptionnellement important relativement aux volumes détenus dans les autres pays, était en valeur absolue faible et à l'image de la production minière mondiale d'or de cette époque.

La conclusion s'impose ainsi : l'existence des monnaies d'or anciennes est insignifiante dès la période 1840-1850 selon les témoignages et *a fortiori* pour le XXIe siècle. Les volumes d'or de l'époque pré-révolutionnaire ont donc peu, voire aucun impact, sur le volume de l'épargne or monétaire contemporaine des Français.

Le Franc germinal

Quelle est l'année de naissance réelle du franc germinal ?

En effet, si 1803 est souvent la date évoquée, la loi du 28 thermidor an III (15 août 1795) en précisant les caractéristiques des nouvelles pièces d'argent fixait le poids de la pièce de un franc à cinq grammes d'argent au titre de neuf dixièmes de métal pur, soit un poids de 4,5 grammes, soit approximativement le poids de la livre de 1726 (4,50516 grammes). Le franc révolutionnaire n'était donc que d'argent mais préfigurait l'arrivée du franc germinal.

Puis vint la loi du 17 germinal an XI[41], rédigée sous l'autorité du Premier consul Bonaparte, dans laquelle cette définition du franc est reprise à l'identique comme « *cinq grammes d'argent, au titre de neuf dixièmes de fin, constituent l'unité monétaire qui conserve le nom de franc* ». Néanmoins, dans le même acte, l'article 6 introduit un concurrent à l'argent en précisant qu'il sera « *fabriqué des pièces d'or de 20 francs* » à raison de 155 pièces par kilogramme au titre de 9/10. Dès lors, il est facile d'en déduire l'autre définition du franc germinal, mais en or cette fois. La loi arrêtait donc qu'une pièce de 20 francs germinal devait contenir 900/155 grammes d'or fin soit 5,806451613 grammes. Dès lors l'autre définition du franc germinal est le vingtième de ce résultat ou 0,290322581 gramme de fin.

En résumé le franc germinal c'est :

1 franc = 9/31 g d'or = 0,290322581 g d'or = 4,5 g d'argent

La France héritait donc en 1803 d'un système monétaire bimétalliste avec un rapport de 15,5 entre les deux métaux.

Né en 1795, confirmé en 1803, ce franc devait être détrôné par le franc Poincaré le 25 juin 1928[42]. Néanmoins il reste définitivement dans l'Histoire comme le franc qui a assis la réputation de la France en matière d'épargne or. Une réputation héritée d'une réalité, révolue, celle d'un pays qui en 1897 détenait, en moyenne par habitant, 100 % plus d'or monétaire qu'aux États-Unis.

Le graphique ci-dessous témoigne également de belle manière de l'origine de cette réputation d'une France pays de l'abondance en matière d'émission d'or monétaire.

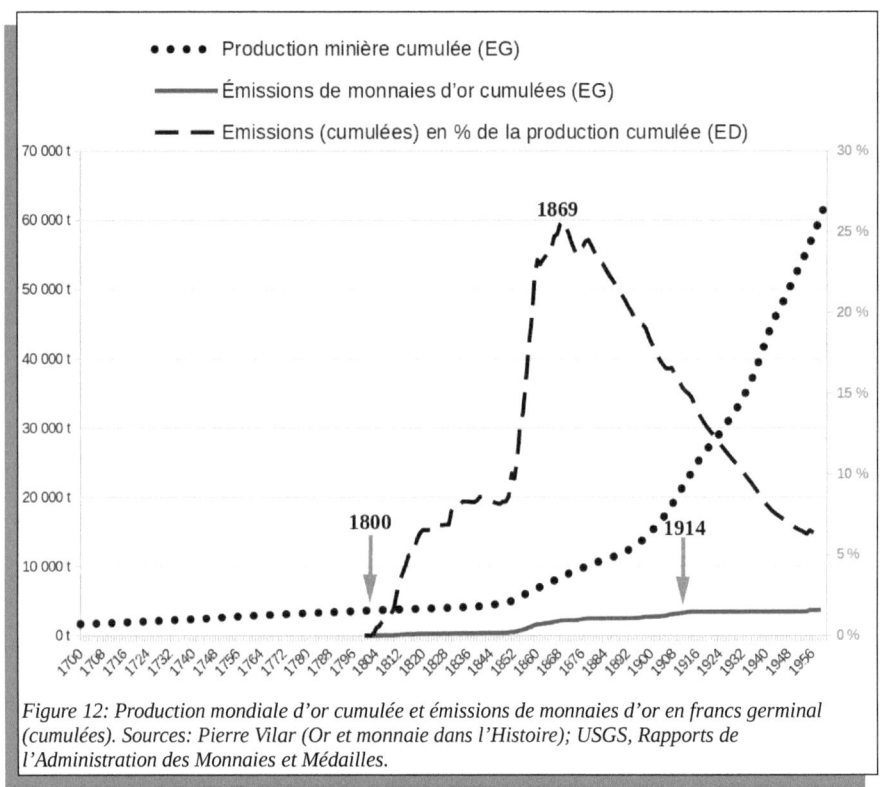

Figure 12: Production mondiale d'or cumulée et émissions de monnaies d'or en francs germinal (cumulées). Sources: Pierre Vilar (Or et monnaie dans l'Histoire); USGS, Rapports de l'Administration des Monnaies et Médailles.

La courbe de tirets (échelle de droite) sur ce graphique représente le pourcentage du volume des émissions cumulées de monnaies d'or françaises par rapport à la production mondiale cumulée d'or. Il révèle qu'en 1869 ces émissions cumulées représentaient jusqu'à 25 % de la production mondiale cumulée. Ce qui est considérable et surprenant pour un contemporain de notre siècle.

Les émissions réalisées pendant les périodes 1850-1880 et 1895-1914 représentent à elles seules 82 % de toutes les émissions de monnaies d'or en francs germinal de 1803 à 1921.

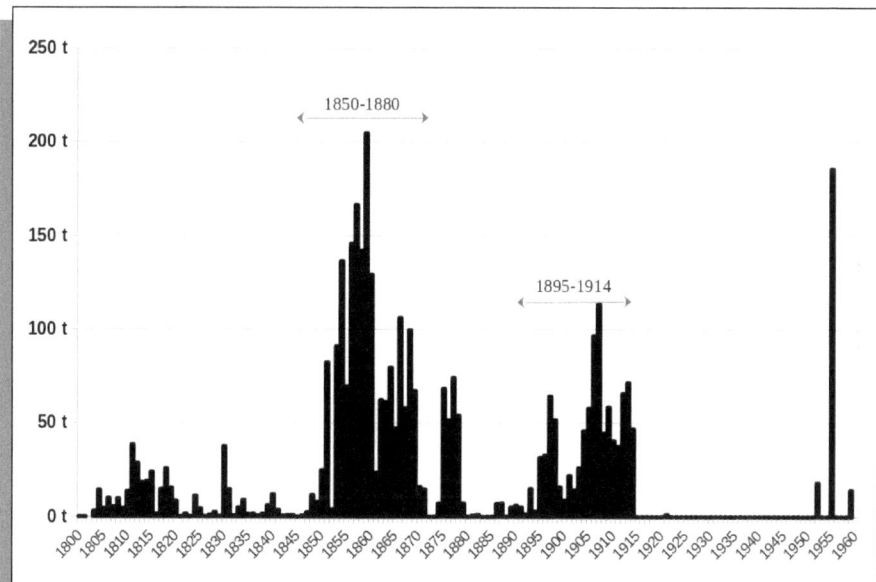

Figure 13: Volume (en tonnes de fin) des émissions annuelles de monnaies d'or en francs germinal et de jetons or de 1803 à 1960.

Source : Rapport au Ministre des Finances par l'Administration des Monnaies.

La pièce de 20 francs or, universellement connue sous le nom de Napoléon quand bien même Bonaparte n'y figure pas toujours – loin s'en faut – a représenté à elle seule 74 % des pièces émises, soit près de 515 millions de pièces, et 85 % du poids de fin mis en circulation monétaire soit 2989 tonnes d'or fin.

Pour être exhaustif en matière de comptabilisation des pièces offertes au public, il conviendrait d'ajouter les 217 tonnes de copies de 20 francs – jetons et donc pièces non-monétaires – produites illégalement par le gouvernement français de 1951 à 1960 (ce sujet est développé plus loin).

L'Or des Français

Tableau 15 : émissions de monnaies d'or françaises en franc germinal (hors jetons).

Type	100 F	50 F	40 F	20 F	10 F	5 F	TOTAL
Nombre	882029	958321	5110809	514720198	127630122	46688026	**695989505**
Poids (t)	25 t	14 t	59 t	2 989 t	371 t	68 t	**3 526 t**
% Nombre	0,1 %	0,1 %	0,7 %	74,0 %	18,3 %	6,7 %	100 %
% Poids	0,7 %	0,4 %	1,7 %	84,8 %	10,5 %	1,9 %	100 %

Nota : Voir dans l'annexe 7 le détail de l'historique des émissions par valeur faciale.

Au total l'ensemble des émissions monétaires sur la période 1803 à 1921 représente 3526 tonnes d'or fin dont l'écrasante majorité (82 %) est l'héritage des gouvernements de Louis-Napoléon Bonaparte (48 %) et de la IIIe République (34 %).

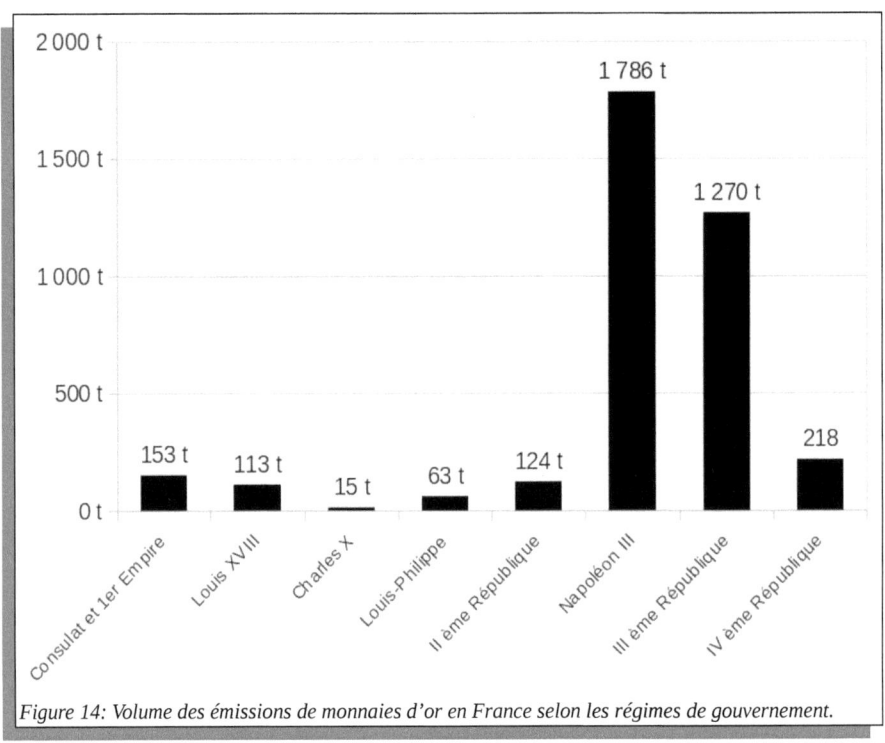

Figure 14: Volume des émissions de monnaies d'or en France selon les régimes de gouvernement.

L'année 1914 marque l'arrêt des grandes émissions de monnaies d'or. Après cette date, une dernière frappe de monnaies de 10, 20 et 100 francs or, au millésime 1914, sera réalisée en 1921. Ce dernier épisode refermait définitivement la frappe de monnaies d'or destinées à la circulation en France[43].

Néanmoins, et de façon surprenante, le franc germinal ne s'éteindra pas avec cette dernière émission de 1921. En effet, adopté en 1930 par la Banque des Règlements Internationaux (surnommée la banque des banques centrales), le franc germinal ou franc-or[44] y fera fonction d'unité monétaire internationale avant d'être remplacé le 1er avril 2003 par les Droits de Tirage Spéciaux[45] (DTS), une unité monétaire virtuelle définie par le Fonds Monétaire International sur la base d'un panier de devises, elles-mêmes totalement virtuelles.

Deux siècles d'activité, belle longévité pour le Franc germinal !

L'or comme étalon monétaire

Or et argent ont été la base de presque tous les systèmes monétaires depuis de nombreux siècles. Les règlements des échanges commerciaux internationaux se heurtaient au problème essentiel du change. Comment passer d'une monnaie d'un système monétaire à la monnaie d'un autre système monétaire ?

Pendant des siècles, la solution était apportée par les changeurs. Ces encyclopédistes monétaires connaissaient toutes les monnaies de la sphère d'influence commerciale, nationale ou internationale, dans laquelle ils pratiquaient leur art, jonglant avec les systèmes monétaires et les poids en métaux précieux des différentes pièces exotiques ou nationales pour assurer le change entre ces monnaies. Ils étaient les seuls, semble-t-il, à maîtriser le chaos monétaire qu'illustrent ces quelques phrases : « *Bruges […] le marc (d'argent) vaut treize sous quatre deniers et trois esterlins valent un gros tournois d'argent. Le marc d'argent au poids de Bruges et de toute la Flandre fait six onces au poids de Bruges ; 21 marcs au poids d'argent font à Bruges 16 marcs au poids d'or. Le marc d'or de Bruges et de toute la Flandre fait 8 onces au poids d'or et c'est le même poids que le marc de Paris. […] Et 21 deniers parisis valent un gros tournois d'argent* »[46].

L'étalon-or

Après l'adoption en 1819 d'un régime monométalliste basé sur l'or, la Grande-Bretagne rétablissait en 1821 la convertibilité en espèces métalliques à vue et au pair des émissions bancaires. L'adoption par la Chambre des communes du *Bank of England Charter Act* en 1844, connu aussi sous le nom d'acte de Peel, renforçait ensuite cette convertibilité notamment par l'adoption d'une règle contraignante limitant les émissions bancaires et instituant un taux de couverture par le stock d'or de ces mêmes émissions, ainsi que l'interdiction de création de nouvelles banques émettrices ; le monopole revenant ainsi de fait à la Banque d'Angleterre. L'étalon-or était né.

L'adoption de l'étalon-or allait s'étendre progressivement aux principaux pays occidentaux : notamment, Allemagne et France en 1873, puis États-Unis en 1900. L'adoption de la libre convertibilité en or des émissions bancaires a été le facteur essentiel ayant contribué à la mise en place de ce système monétaire international. Ce n'est donc pas le résultat d'un quelconque accord international mais celui de la volonté de pays liant leur unité monétaire à une définition en poids d'or.

Pour le commerce international, cette simplification dans le marché des changes (définition d'un pair en poids d'or entre monnaies) et la sécurité apportée par la couverture métallique détenue par les banques émettrices conjointement avec la convertibilité des billets et des créances, étaient des atouts de premier plan pour régler cette problématique de change. Grâce aux mécanismes de transferts d'or entre pays, l'équilibre à long terme des balances des payements internationaux, et donc du marché des changes, était assuré.

L'étalon-or a ainsi apporté sa contribution à l'essor des relations économiques internationales entre 1875 et 1914. La Grande Guerre et l'abandon par les belligérants de la convertibilité mettront un terme *de facto* à ce système monétaire international. Entre 1924 et 1928, plusieurs pays européens tentèrent un retour vers l'étalon-or mais avec des conditions de convertibilité plus restrictives. L'étalon-or sera alors rebaptisé en étalon-lingot-or ou *gold bullion standard* c'est-à-dire avec une convertibilité des émissions bancaires en lingots d'or de 400 oz.

Néanmoins le volume de monnaie papier émis pendant la guerre était tel que le retour aux taux de couverture par l'encaisse or d'avant-guerre fut impossible.

L'étalon-or sera abandonné en 1931 par le Royaume-Uni, en 1933 par les États-Unis, en 1935 par la Belgique et en 1936 par la France.

L'étalon change-or

Après les affres de la Grande Guerre, la déflation n'était pas une option du fait des conséquences sociales sur une population déjà très éprouvée par ces années de conflit. Par ailleurs, le Royaume-Uni était fortement opposé à toute réévaluation du prix de l'or. La livre sterling ayant encore à cette époque une position fortement hégémonique au niveau planétaire, cette décision aurait été équivalente à une dévaluation de la livre, une situation inacceptable pour la Couronne britannique.

À la conférence de Gênes, du 10 avril au 19 mai 1922, les représentants de 34 pays se penchaient sur la question du rétablissement d'un ordre monétaire mondial. Pour résoudre les difficultés de constituer des réserves d'or, la décision était prise d'autoriser les pays, pour la couverture de leurs émissions fiduciaires, à compléter leur réserve métallique en or par des réserves en devises de pays assurant, eux, une couverture or de leurs émissions. En pratique, ces devises devaient se limiter à la livre sterling et au dollar américain.

C'était la naissance de l'étalon change-or ou *gold exchange standard*.

Face à la difficulté de maintenir la couverture or de la livre sterling le gouvernement britannique suspendait la convertibilité de sa monnaie le 20 septembre 1931. Dès lors, le dollar, bien que dévalué en 1934 à 35 dollars l'once d'or, devenait la seule monnaie de réserve selon le cadre défini par les accords de Gênes.

Le système monétaire international de l'étalon change-or était reconduit en 1944 par les accords de Bretton Woods. Le dollar américain y jouait un rôle prépondérant du fait du poids économique acquis par le pays. Chaque pays signataire devait déclarer, et défendre, la parité de sa monnaie en or ou en dollars.

À partir de 1958, les déficits américains se creusant de plus en plus, la couverture par l'or des États-Unis de la masse globale des dollars détenus par les non-résidents étrangers et américains – baptisée eurodollars[47] – s'amenuisait considérablement. La confiance dans le dollar s'effritait année après année.

En 1963 des négociations s'engageaient entre les membres du Groupe des Dix[48] sur une réforme du système monétaire. En 1965, la France, en désaccord sur le maintien des avantages monétaires concédés aux États-Unis et au Royaume-Uni, quittait les Dix et abandonnait en 1967 l'étalon change-or, entraînant la conversion en or des dollars détenus par la France et le rapatriement du métal jaune dans les coffres de la Banque de France.

L'encaisse or des États-Unis se dégradant de plus en plus, le Congrès américain votait en 1968 la suspension immédiate de la convertibilité externe en or du dollar. Désormais la convertibilité du dollar en or au taux d'une once pour 35 dollars était réservée aux seules banques centrales[49]. Deux marchés de l'or cohabitaient, l'un réservé aux banques centrales permettant la conversion des eurodollars au taux officiel, et l'autre, où les particuliers et les entreprises négociaient la conversion de leurs eurodollars en or à un prix variable selon la loi universelle de l'offre et de la demande.

Après une courte période stabilité, le dollar était de nouveau à la peine en 1970. Les déficits commerciaux des États-Unis se creusant de plus en plus, les sorties d'or, en conversion des eurodollars européens se multipliant, le niveau de l'encaisse or américaine redevenait critique.

Le 15 août 1971, le président Nixon annonçait l'abandon de l'étalon change-or, le pays n'étant plus en mesure d'honorer son engagement de convertibilité en or du dollar. En réalité, les États-Unis faisaient défaut sur leur monnaie.

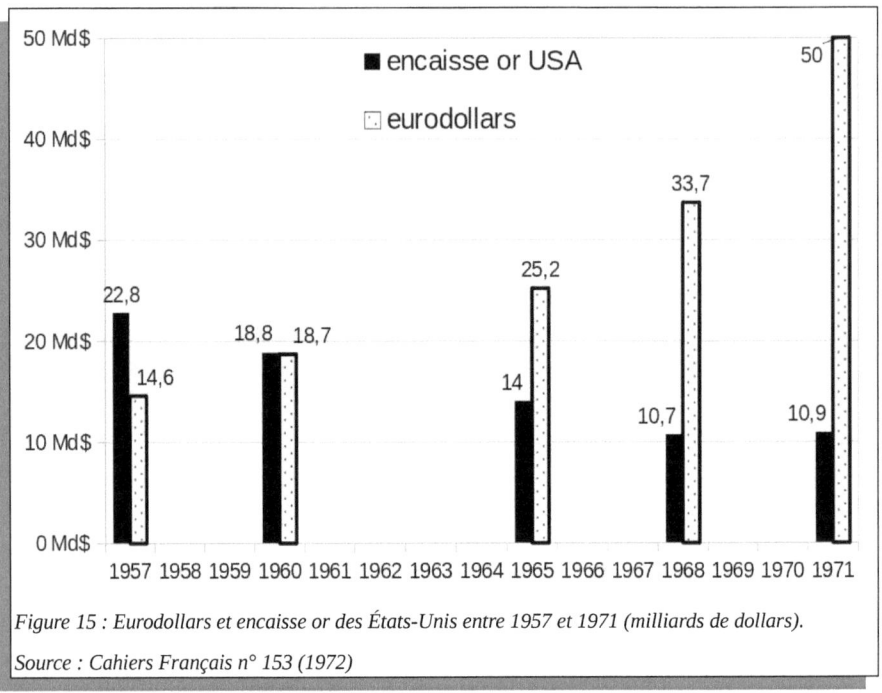

Figure 15 : Eurodollars et encaisse or des États-Unis entre 1957 et 1971 (milliards de dollars).
Source : Cahiers Français n° 153 (1972)

Désormais les monnaies fluctuaient erratiquement les unes par rapport aux autres. C'était la naissance des taux de change flottants et des guerres commerciales. Le prix de l'or s'envolait, en réalité c'était, comme de nos jours, les monnaies fiduciaires qui s'effondraient.

Enfin en 1973 à la Conférence de la Jamaïque l'or était officiellement démonétisé. Néanmoins les banques centrales de la terre entière, à quelques rares exceptions, ont maintenu depuis cette date le métal jaune dans leurs réserves. Bien leur en a pris !

Les Français et l'or

Les légendes ne viennent pas de nulle part, elles naissent et se nourrissent souvent d'une certaine forme de réalité.

Si les Français ont encore aujourd'hui cette réputation d'être des champions de l'épargne en or, c'est tout simplement que la France a réellement tenu cette place sur le podium à une certaine époque comme nous l'avons déjà évoqué.

En 1923, Yves Guyot reprenant les statistiques de l'US Mint de Washington 1912 écrivait : « *La France a toujours été un des pays les mieux pourvus au point de vue de la monnaie. D'après Mint Report de Washington, la quantité de monnaie était au 31 décembre 1912, en dollars par tête, chez les peuples qui en étaient le mieux approvisionnés :* »

	Or	Argent	Papier	Total
	en dollars			
France	30,30	10,38	8,23	48,91
Etats-Unis	19,48	5,61	7,89	32,98
Pays-Bas	12,17	4,83	9,86	26,86
Suisse	12,16	4,11	8,00	24,32
Allemagne	13,30	4,03	4,03	21,36
Grande-Bretagne	16,10	2,57	2,54	21,21
Italie	7,15	0,69	5,25	13,09

Figure 16: *Statistiques de l'US Mint (USA) pour 1912.*
Source : *Yves Guyot dans Journal de la société statistique de Paris, tome 64 (1923), p. 170-180*

Des Français figés dans le passé

Cette affirmation d'une France pays de la thésaurisation en or, ne résiste pas aux constats qu'il est possible de faire de nos jours. Les faits démontrent que la France n'est pas à la hauteur de beaucoup de pays européens dans ce domaine. Comment l'expliquer ?

Le marché français de l'or étant resté pendant très longtemps un marché essentiellement domestique, les Français d'aujourd'hui (particuliers, professionnels et administrations) sont restés majoritairement sur des pratiques héritées d'une époque révolue. Cette situation est la conséquence de plusieurs phénomènes.

Les contrôles des changes imposés pendant de nombreuses années ont enfermé les épargnants dans un périmètre de transactions étroit, essentiellement domestique. Avec ces limitations, l'importation et l'exportation d'or étaient soit interdites, soit soumises à des contraintes de déclaration. Les restrictions intervenues après le dernier conflit mondial n'ont été levées qu'épisodiquement dans les années 60 puis remises en vigueur tout au long des années 70 et enfin supprimées le 1er janvier 1990 avec la mise en place du Marché unique. En résumé, depuis 1936, les Français n'ont connu pratiquement que des situations restrictives pour les échanges financiers avec l'étranger. La levée des contrôles des changes est en réalité relativement récente. Cette autarcie financière ne pouvait pas ne pas marquer culturellement les épargnants et les commerçants français, influençant leurs pratiques et leurs choix.

Le marché français de l'or, après sa fermeture en 1939, était organisé, de 1948 à 2004, par la Bourse de Paris. Le caractère strictement domestique de ce marché a favorisé l'émergence de monopoles dans le petit univers du commerce des métaux précieux. La place de Paris a été pendant longtemps la seule, et dernière, place sur la planète proposant des cotations officielles de monnaies d'or. Initialement organisées autour de six acteurs[50] pour la détermination des cours, la baisse d'intérêt pour ce marché a réduit progressivement le nombre de participants aux cotations jusqu'à ce que deux acteurs se retrouvent seuls aux commandes.

Lorsque le 14 septembre 2004 Euronext Paris, entité ayant succédé à la Bourse de Paris, annonce[51] la fermeture définitive de la procédure de cotation sur le marché libre de l'or en précisant que « *La cessation de l'organisation de la procédure de cotation par Euronext Paris n'a pas de conséquence sur la capacité de chacun de négocier comme auparavant les pièces et lingots sur le territoire français.* », certains, forts de leur prérogative ancienne et de leur monopole sur ce marché, feignent de considérer que rien n'a changé et négligent de faire savoir au public français qu'il n'existe plus de cotations officielles, ni de marché réglementé, ni de procédure d'ordre d'achat ou de vente.

Dans les faits, les prix sont désormais libres et, à l'instar de tous les commerces existants dans le monde, les prix d'achat ou de vente, affichés sont du seul ressort du commerçant. En résumé, le marché de l'or est ouvert à la concurrence et à la loi de l'offre et de la demande. Encore aujourd'hui, 20 ans après la clôture du marché de l'or à la Bourse, nombre de Français, leurrés par le monopole qui a changé de nom mais pas de message, parlent de « cotation » au lieu de « prix », d'« ordre d'achat » ou « d'ordre de vente », de « carnet d'ordre », d'« or de Bourse », etc.[52]

Tout ceci n'existe plus depuis septembre 2004 !

Alors que le monde des métaux précieux destinés à l'épargne a considérablement évolué, certains en sont restés aux années 60, qu'ils soient particuliers ou professionnels.

Ces derniers découvrent seulement depuis peu les productions modernes réalisées par les hôtels des monnaies étrangères mais continuent de promouvoir les éternels jaunets à des consommateurs, sans doute nostalgiques, mais surtout sous-informés.

Les médias qui pourraient jouer ce rôle d'information auprès du public pour leur faire découvrir les opportunités du XXIᵉ siècle sont eux-mêmes coupables, par paresse ou par facilité, de faire la promotion du XIXᵉ siècle.

Enfin l'administration elle-même reste sur ces schémas anciens en publiant des réglementations absurdes, propres à cette époque révolue et inadaptées aux opportunités modernes, ce qui pénalise l'évolution des mentalités et entretient la sclérose des esprits figés sur des choix d'épargne d'un autre temps.

Le coup de grâce à une éventuelle évolution du marché de l'or français vers la modernité a sans doute été la promulgation de la loi du 19 juillet 1976 instituant une taxe forfaitaire sur le prix de vente, sans aucun seuil minimum, pour les cessions d'or défini par l'administration fiscale comme « métaux précieux ». Cette taxe établie initialement à 4 % du montant de la cession est passée aujourd'hui à 11 % auxquels il convient d'ajouter 0,5 % de Contribution au remboursement de la dette sociale (CRDS), taxe additionnelle prévue à titre exceptionnel et temporaire[53] à sa création, mais désormais pérennisée.

Tout a donc été fait pour décourager les détenteurs d'épargne en métaux précieux de venir sur le marché. Comme à chaque fois qu'une décision fiscale est confiscatoire, l'impact sur les choix d'épargne des particuliers est immédiat.

Lorsqu'une activité meurt faute de transactions, faute de clients, l'industrie qui est à l'origine des produits objets de ces transactions est inévitablement condamnée à disparaître. C'est exactement ce qu'il est advenu de l'industrie française des métaux précieux. Que sont devenues les fondeurs et affineurs français : Lyon-Alemand, Marret, Bonnin, Lebel, Louyot, Léon Martin etc. ? Disparus au profit des fonderies suisses et allemandes. Il serait intéressant de mettre en perspectives les montants des taxes perçues avec les coûts, humains, sociaux et financiers, de cette désindustrialisation.

S'il est un établissement qui devrait être à la pointe du combat pour promouvoir l'épargne en métaux précieux, c'est bien la Monnaie de Paris. Est-ce le cas ?

La Monnaie de Paris a un statut d'établissement public à caractère industriel et commercial (EPIC). C'est donc une entreprise étatique, sous tutelle du ministère de l'Économie et des Finances, adoptant un mode gestion proche de celui d'une entreprise privée.

La mission de cet établissement est étrange. Certes il frappe des monnaies courantes et aussi des produits de collection, dont des monnaies ayant cours légal en or et en argent. Néanmoins ces produits sont vendus avec des primes dissuasives[54] incompatibles avec un objectif de protection de l'épargne. La Monnaie de Paris n'a pas de réelle vision sur le sujet de l'épargne. La direction prétend promouvoir les talents artistiques des métiers de la Monnaie. Néanmoins la mise en valeur de ces talents, qui sont réels, serait plus évidente si les thèmes proposés étaient moins infantilisants. Certes les goûts et les couleurs sont une chose très subjective, mais les affaires en sont une autre, mais cette fois, objectivement appréciable.

Sur ce dernier plan, une comparaison simple va permettre au lecteur de comprendre ce que la Monnaie de Paris pourrait apporter aux épargnants français en métaux précieux.

Il suffit d'une simple comparaison avec un autre hôtel des monnaies, celui de l'Autriche : la Monnaie autrichienne ou Münze Österreich. Cette comparaison est résumée dans le tableau ci-dessous à partir des chiffres donnés dans les rapports annuels de 2023 de ces deux établissements.

Les rapports annuels révèlent le positionnement stratégique étrange retenu par la Monnaie de Paris mêlant à son métier d'origine, orfèvrerie, boutique à souvenirs, galerie d'art, objets de collection et… gastronomie. Sa devise « Frappe la Monnaie et les esprits » prend un sens bien particulier dans ce contexte.

Tableau 22 : Comparaison 2023 entre Monnaie de Paris et Münze Österreich.

2023	Monnaie de Paris	Münze Österreich
Chiffre d'affaires	162 100 000 €	1 319 300 000 €
Résultat net	4 400 000 €	95 448 854 €
Nombre de salariés	457	188
Charge salariale mensuelle moyenne	6 460 €/salarié	9 071 €/salarié
Nb pièces courantes frappées	1 350 000 000	198 300 000
Nb pièces or +argent frappées*	5 000 000	10 691 385
CA or et argent d'investissement	65 903 000 €	1 194 300 000 €
Tonnage or vendu	?	14 t
Tonnage argent vendu	?	311 t
CA par employé	354 705 €	7 017 553 €
Résultat par employé	9 628 €	507 707 €
Population 2024 du pays	68 373 466	9 123 108

* *Monnaie de Paris, chiffre 2022*

L'activité industrielle de la Monnaie de Paris se limite à la frappe de monnaies de circulation (au profit du Trésor français et de quelques pays étrangers), de monnaies en or et en argent pour des (soi-disant) collectionneurs, et à la production de produits artistiques divers (médailles, trophées, etc.).

De son côté, la Monnaie autrichienne avec un effectif beaucoup plus réduit réalise une meilleure performance financière en proposant, en plus de son offre régalienne de frappe de monnaies courantes, une offre ciblant les investisseurs internationaux en métaux précieux. Avec ses 188 salariés, la Monnaie autrichienne a ainsi fourni en 2023 aux investisseurs 14 tonnes d'or, dont 10 tonnes de la célèbre monnaie en or *Wiener Philharmoniker*, et 311 tonnes d'argent de la même pièce. Avec un chiffre d'affaires par salarié 20 fois celui de la Monnaie de Paris et un résultat net représentant 22 fois celui de l'établissement français, ces performances démontrent, d'une part, l'intérêt d'un positionnement sur l'offre en métaux précieux à destination des investisseurs et des épargnants et, d'autre part, qu'il n'est pas nécessaire d'entretenir des effectifs pléthoriques pour exister dans ce domaine.

Si la Monnaie de Paris, au lieu de produire des kyrielles de monnaies aux effigies étranges, se positionnait pour offrir aux investisseurs français des monnaies aussi attractives que la *Wiener Philharmoniker*, non seulement elle rentabiliserait son outil de production et ses remarquables compétences humaines, mais elle apporterait aux investisseurs domestiques l'offre qu'ils vont aujourd'hui chercher hors des frontières de l'Hexagone.

Un marché français étroit

Des pénuries révélatrices d'un marché étroit

Le lecteur se souvient très certainement des annonces de pénurie de monnaies d'or en France en 2020, abondamment relayées par les médias. Comment expliquer l'arrêt soudain des transactions commerciales conduisant à la suspension par CPoR de soi-disant cotations[55] ? Cet assèchement ne devrait pas intervenir dans un marché bien alimenté.

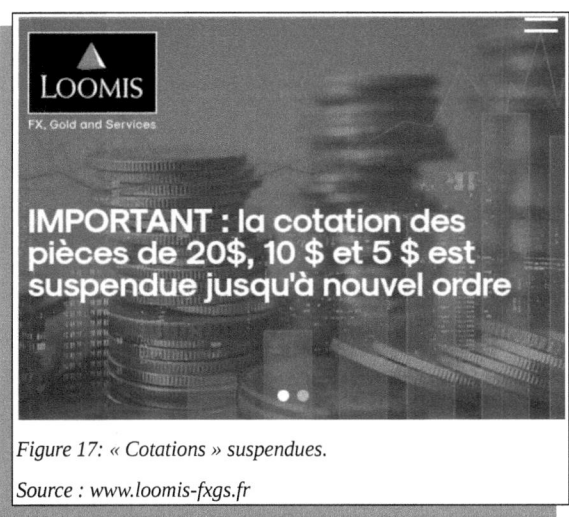

Figure 17: « Cotations » suspendues.
Source : www.loomis-fxgs.fr

Si la rupture des chaînes logistiques permet d'expliquer en partie cette paralysie, cette situation est aussi la marque d'une rareté en produits pour alimenter le marché, indépendamment des événements extérieurs à la sphère des métaux précieux.

Figure 18 : « Cotations » suspendues.
Source : www.cpordevises.com sur web.archive.org

Mais ce phénomène de rareté n'est pas exceptionnel. En effet, après le deuxième conflit mondial, plusieurs marchés nationaux de l'or y ont été confrontés. Au début des années 1950, le président du Conseil, Antoine Pinay, proposait aux Français des emprunts indexés sur le prix du napoléon[56]. Le stock insuffisant de 20 francs or induisait des primes de plus en plus conséquentes à la Bourse de Paris. Ceci ne faisait pas l'affaire de l'État débiteur. Pour pallier cette situation, le ministre des Finances organisait alors une authentique opération de faux monnayage en faisant frapper et mettre sur le marché plus de 37 millions de pièces reproduisant à l'identique les 20 francs or Marianne-Coq, alors démonétisées[57]. Cette opération fait l'objet d'un développement propre dans les pages à suivre.

La rareté sur ce marché des monnaies d'or était présente partout en Europe, et donc cette pratique ne s'est pas limitée à la France. Ce fut le cas par exemple de la Suisse qui commercialisait entre 1945 et 1949 39 millions de jetons, copies des monnaies démonétisées de 20 francs, surnommées Vreneli[58], soit un volume de jetons deux fois supérieur à celui des authentiques Vreneli émises de 1897 à 1935.

Désaffection des Français pour l'or

En 1977, l'introduction de la taxe forfaitaire frappant les cessions de métaux précieux entraînait, comme déjà évoqué, une désaffection des épargnants pour l'épargne en or. Les données des archives de la Banque de France collectées par Van Hoang (2010)[59] illustrent l'ampleur de la désaffection des opérateurs à la Bourse de Paris. Ces données couvrent la période allant de 1951 à 1981, époque charnière entre l'étalon de change-or et le régime de change flottant entre devises dont nous avons hérité.

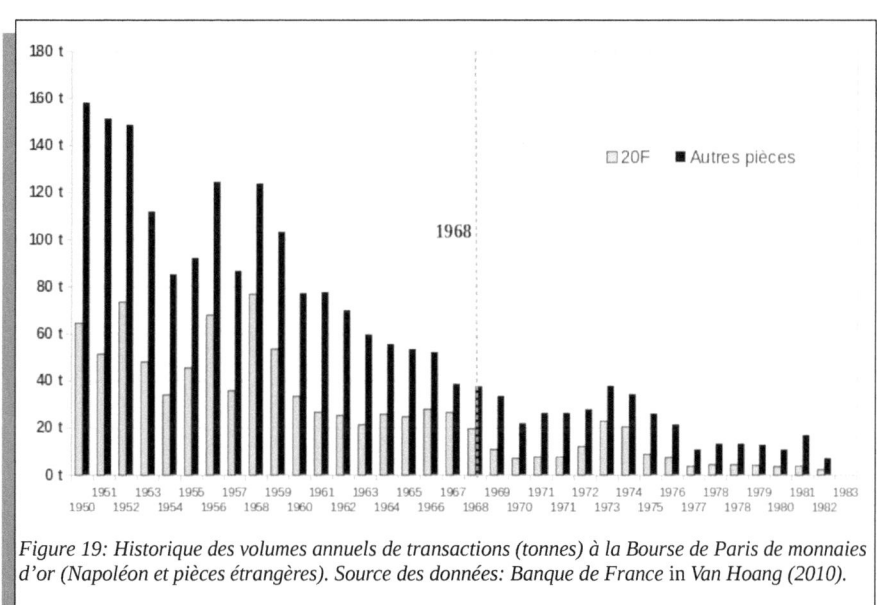

Figure 19: Historique des volumes annuels de transactions (tonnes) à la Bourse de Paris de monnaies d'or (Napoléon et pièces étrangères). Source des données: Banque de France in Van Hoang (2010).

Les données portent sur les volumes de transactions réalisées sur la pièce de 20 francs or et sur les pièces étrangères en or cotées à la Bourse de Paris. Les deux courbes montrent, à l'évidence, que ce marché de l'or avait en réalité déjà perdu son attractivité bien avant

1977 et la création de la taxe forfaitaire. La reprise des cotations de l'or à Londres en 1954, après plus de 20 ans de fermeture, a pesé sur l'attractivité du marché parisien, Londres ayant toujours été considéré comme le marché de référence pour le métal jaune. La mise en place de la taxe forfaitaire a donc simplement amplifié le désintérêt des Français vis-à-vis d'un marché parisien déjà en déclin. Même en 1968, année d'une crise politique et économique majeure en France, le niveau des transactions de pièces d'or est resté atone.

En revanche cette même année l'essentiel des achats d'or en France s'est porté sur les lingots allant jusqu'à représenter 90 % du tonnage des transactions réalisées à Paris.

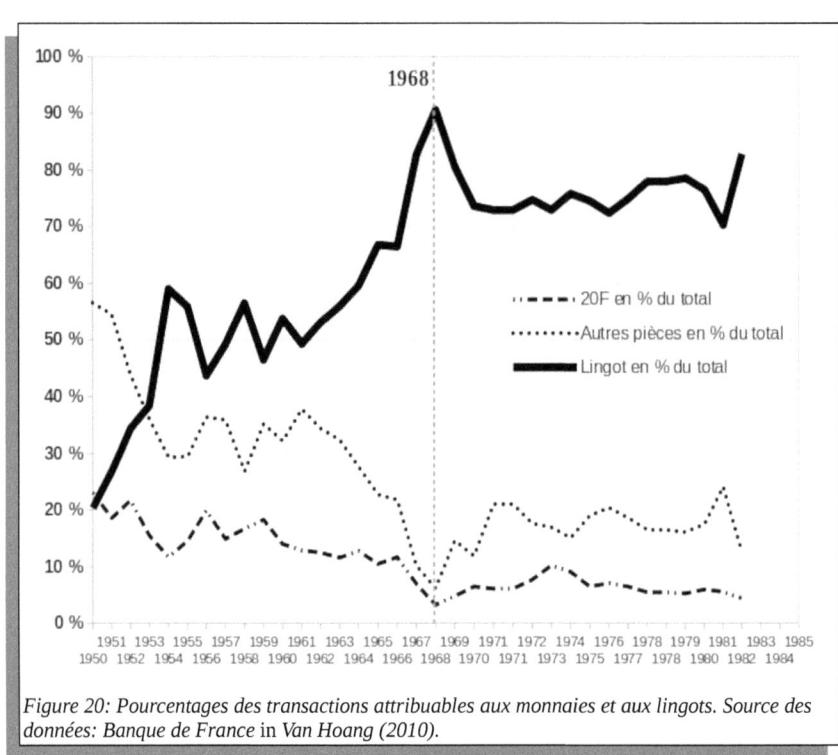

Figure 20: Pourcentages des transactions attribuables aux monnaies et aux lingots. Source des données: Banque de France in Van Hoang (2010).

En 1982, il ne s'échangeait plus en moyenne, par jour, que 2000 pièces de 20 francs soit l'équivalent de 12 kilogrammes d'or[60], ainsi que 35,5 kilogrammes en pièces étrangères par jour.

Dix ans plus tard la situation ne s'était pas améliorée ainsi que le rapporte le gouverneur de la Banque de France :

> Le cours du Napoléon a baissé de 5,7 %, passant de 351 francs à 331 francs après avoir atteint son niveau le plus haut de l'année le 17 janvier, à 369 francs, et le plus bas le 11 septembre, à 311 francs. Tout au long de l'année, le cours du Napoléon, comme d'ailleurs celui des autres pièces d'or, est resté sous-évalué par rapport au prix du lingot. Cette décote persistante des pièces d'or sur le marché de Paris traduit une désaffection des petits épargnants davantage attirés par des placements, monétaires notamment, bien rémunérés.

Figure 21: Compte-rendu présenté à Monsieur le Président de la République au nom du Conseil général de la Banque de France par M. Jacques de LAROSIÈRE, Gouverneur (1992).

Source : Banque de France – Compte rendu – Exercice 1992 – page 169 (Archives Banque de France).

Enfin, sur toute l'année 1982, les transactions de lingots d'or, une activité concernant principalement les professionnels (dentistes, bijoutiers, joailliers, doreurs, etc.), représentaient en moyenne 180 kilogrammes d'or par jour (à rapprocher des 9 kilogrammes d'or de napoléons et 28 de pièces étrangères par jour).

En outre, à partir de 1972, les achats d'or par des étrangers sur la place de Paris se sont amplifiés. Paris étant une des dernières places régulées où des pièces d'or étaient cotées et accessibles, les acheteurs américains anticipaient la décision[61] du président Gerald Ford en 1974 de supprimer l'interdiction faite en 1933 au peuple américain de détenir de l'or.

La Bourse de Paris alimentait ainsi le marché nord-américain en lingots et monnaies d'or américaines 41 ans après leur bannissement aux États-Unis[62].

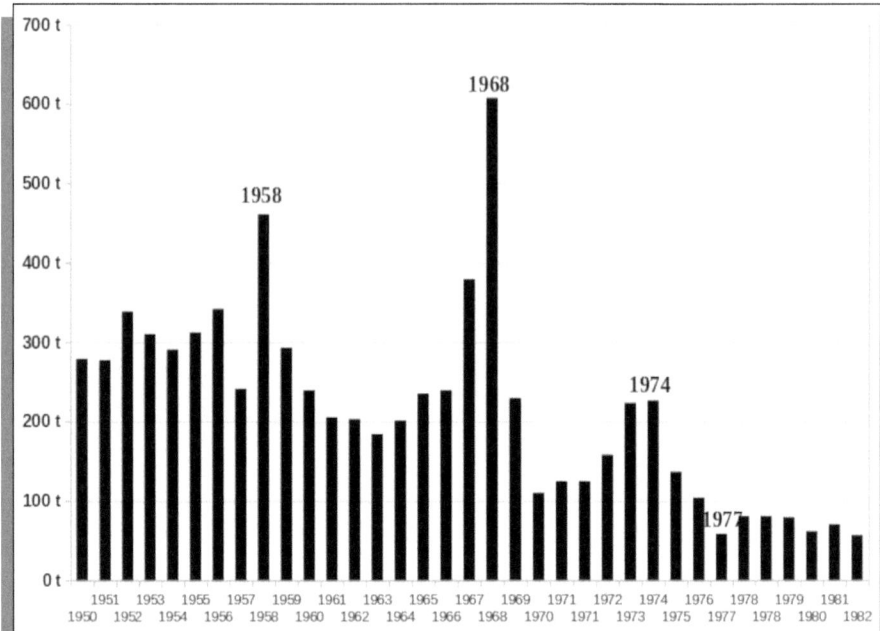

Figure 22: Historique des volumes annuels de transactions à la Bourse de Paris de lingots d'or. Le pic de 1968 correspond à l'ouverture du marché de Paris aux étrangers. Source des données: Van Hoang (2010).

Cette tendance anémique des transactions à Paris s'est prolongée jusqu'à la fermeture définitive du marché par Euronext le 14 septembre 2004[63].

Le prix révèle un marché étroit

Le prix est aussi un révélateur d'un marché très étroit. Ce prix s'éloigne parfois de façon exagérée de la valeur du métal de la pièce elle-même. Le prix de la pièce affiche alors une prime, voire parfois une très forte prime.

La prime est définie comme l'écart entre le prix payé pour une pièce et le prix du métal précieux contenu dans cette même pièce sur la base de la cotation tirée d'un marché de référence, soit la Bourse de Paris jusqu'en 2004 puis la LBMA[64] après. La prime peut être exprimée en euros ou en pourcentage de la référence. Une prime de 20 % signifie donc que la pièce achetée est 20 % plus chère que si l'acheteur avait acheté cet or au poids sur un marché de référence.

Lorsque des évènements économiques, financiers ou géopolitiques surviennent, il n'est pas rare que les épargnants se précipitent vers les métaux précieux pour mettre en sécurité leur épargne. Ce faisant, l'explosion de la demande ne trouvant pas une offre suffisante en face d'elle, l'ajustement entre les deux se fait par une adaptation des prix proportionnellement à l'ampleur du différentiel entre offre et demande.

Ce qui se traduit parfois par des primes astronomiques lorsque l'offre est ténue comme dans les années 1970 où la prime entre napoléon et lingot de Paris a atteint 110 %[65].

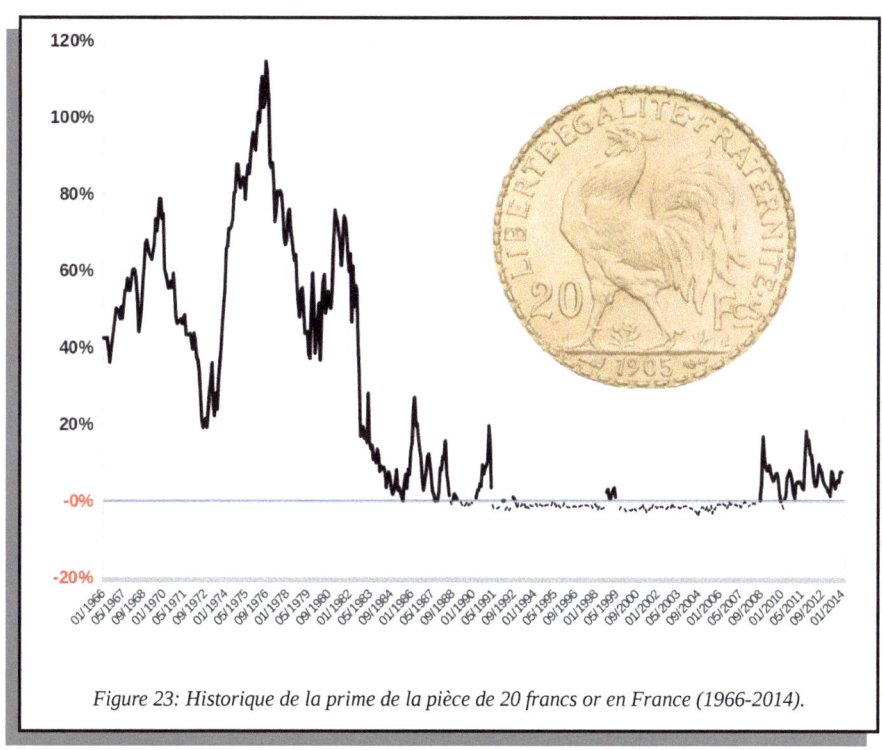

Figure 23: Historique de la prime de la pièce de 20 francs or en France (1966-2014).

Ces primes exorbitantes des années 1975-1976 ne sont pas le résultat d'une réelle valorisation de l'or mais celui d'un marché extrêmement étroit, voire totalement asséché, entraînant des surcoûts astronomiques pour les acquéreurs, sans rapport avec la réalité du marché de l'or.

Un volume de transactions particulièrement faible

La rareté est également discernable en examinant les données des 30 dernières années de transactions. En effet, en rapportant le cumul de pièces des transactions réalisées pendant ces 30 années au total des pièces émises depuis 1803, on découvre que ce cumul ne représente que 29 % du total des mises en circulation.

D'une façon générale, dans un marché, la rotation des actions est une mesure de la liquidité des actions, calculée en divisant le nombre total d'actions échangées au cours d'une certaine période par la capitalisation moyenne soit le nombre moyen d'actions en circulation pour la même période (ou flottant). Plus le montant global d'actions échangées est élevé, plus les actions concernées sont considérées liquides. S'agissant des actions, ce ratio est de façon commune un multiple de la capitalisation.

Tableau 23 : Ratio entre cumul des transactions entre 1951 et 1982 et cumul de toutes les émissions de monnaies et jetons d'or de 1803 à 1960.

Pièces de 20 francs	Transactions de 1951 à 1982**	Total des émissions* de 20 francs or depuis 1803	Ratio transactions/ émissions
Nombre de pièces 20 francs or	158 000 000 pièces	552 203 698 pièces	
Poids de fin (t)	917 t	3 206 t	28,6 %

* y compris jetons commercialisés de 1951 à 1960.

** Source des données : Van Hoang (2010).

Si le marché français avait été un marché actif et bien pourvu en pièces d'or, le niveau du nombre de transactions entre acheteurs et vendeurs aurait statistiquement été moins moribond.

Les pièces d'or qui étaient cotées ne sont désormais plus émises (hormis aujourd'hui *Krugerrand* depuis 1975 et *Sovereign*), il existe donc un volume maximum figé de pièces négociables sur ce marché. Par ailleurs, une pièce donnée est à instant précis dans les mains d'un opérateur mais peut aussi changer plusieurs fois de mains dans sa

« vie » et ces transactions sont alors comptabilisées plusieurs fois. Il est donc impossible de tirer une conclusion crédible sur le volume d'or thésaurisé à partir des transactions constatées. Il est seulement possible d'en tirer le constat d'un marché atone.

Un stock figé à 3000 tonnes

Les données publiées depuis les années 1990 par le World Gold Council[66] (WGC) révèlent que le solde annuel des achats-ventes d'or physique réalisées pour leur épargne par les Français est resté négatif sur de longues périodes.

La crise financière qui a frappé le monde occidental en 2008, et plus particulièrement les États-Unis, a eu un effet d'amélioration modeste sur ce solde. Le solde annuel des transactions d'or d'investissement des Français est récemment devenu légèrement positif. Néanmoins, avec un solde moyen annuel de 2008 à 2023 de 1,2 tonnes d'or, ce solde reste à des années lumières des 120 tonnes par an des épargnants allemands.

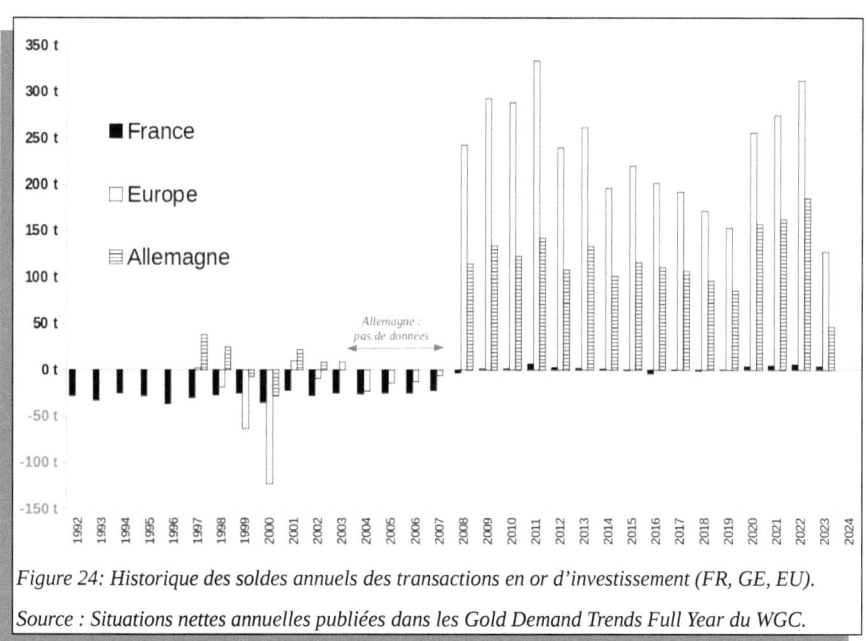

Figure 24: Historique des soldes annuels des transactions en or d'investissement (FR, GE, EU).
Source : Situations nettes annuelles publiées dans les Gold Demand Trends Full Year du WGC.

Sur la seule période allant de 1992 à 2023, le cumul des déficits et des rares excédents en épargne or (pièces et lingots d'investissement) des Français est estimé par le WGC à un solde négatif de 416 tonnes. Malgré la modeste reprise des achats d'or par les Français depuis cette crise de 2008[67], il ne paraîtrait pas incohérent de retenir qu'entre les années 70 et aujourd'hui ce désinvestissement puisse atteindre 800 tonnes.

Tous ces éléments viennent donc conforter la conclusion déjà évoquée plus haut : le marché français de l'épargne en monnaies d'or n'a plus le dynamisme et l'attractivité d'antan.

L'Or des Français

L'Or des Français

Partie II

Quels risques pour la survie de l'or
La vraie fausse monnaie

Quels risques pour la survie de l'or ?

De prime abord, la démarche pour déterminer l'or que les Français pourraient détenir aujourd'hui relève d'une simple opération arithmétique : soustraire du stock de monnaies émises le stock de monnaies retirées de circulation pour une raison ou une autre. Or les raisons de perdre la trace d'une pièce sont nombreuses ainsi que le lecteur le constatera dans la suite.

La première partie de la soustraction, les émissions monétaires, est bien documentée. Plusieurs sources publient en effet l'inventaire détaillé des émissions :
- « Rapport au Ministre des Finances de l'Administration des Monnaies et Médailles », soit un ensemble de rapports officiels publiés de 1896 à 1970 ;
- « le Franc » de CGB, publié chaque année ;
- « le Bréviaire de la Numismatique Française Moderne » de Jean-Marie Leconte, publié en 1993 ;
- « Monnaies françaises » de Victor Gadoury ;
- « L'Union Monétaire Latine » d'Albert Niederer de 1976.

Inhérent à leur statut monétaire, à la fois moyen de payement et objet de thésaurisation, les monnaies d'or ont fait l'objet d'une attention comptable bien documentée et donc facilement exploitable pour cet exercice.

En revanche la deuxième partie de la soustraction est une énigme qu'il va falloir résoudre. Le schéma ci-dessous synthétise les flux existants et les différents acteurs intervenant dans la création, la circulation et la disparition des monnaies. La complexité révélée par ce schéma devrait suffire à faire réaliser aux plus enthousiastes les difficultés à surmonter avant d'annoncer le tonnage d'or monétaire thésaurisé en France de nos jours.

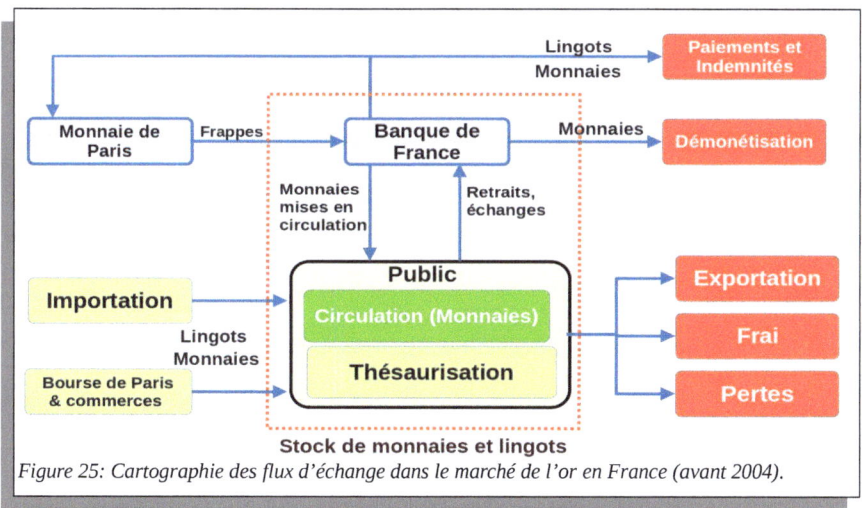
Figure 25: Cartographie des flux d'échange dans le marché de l'or en France (avant 2004).

Les monnaies ne sont pas éternelles. Elles doivent affronter de multiples dangers. Les risques encourus pendant toute leur existence ne sont pas tous documentés.

Les principaux sont abordés maintenant.

La refonte ou la mort des monnaies

Lorsque, conséquence du frai, le poids des monnaies atteint un certain niveau d'usure, celles-ci ne répondent plus à leur définition officielle et perdent de fait leur pouvoir légal.

La décision de les rendre à leur état initial de simple métal en les fondant est une décision qui revient à l'État les ayant émises.

Depuis les premières émissions de monnaies d'or en franc germinal, cette démarche ne semble pas avoir été systématiquement documentée ou, du moins, aucune trace n'en a été trouvée dans les archives consultées. En 1889, apparaît pour la première fois une information récapitulant le volume de monnaies d'or fondues officiellement depuis 1803. La deuxième campagne d'assainissement de la monnaie d'or interviendra de 1907 à 1927. La dernière, à notre connaissance, interviendra de part et d'autre de la période d'occupation, entre 1940 et 1948.

Au total, au moins 827,81 tonnes d'or ont été officiellement fondues, chiffre minimum du fait du frai dont ces monnaies ont été aussi les victimes et de l'absence de documentation avant 1889. Le tableau ci-dessous rassemble et détaille, pour ce qui a pu être découvert, ces trois périodes de refonte de monnaies d'or :

Tableau 9 : Nombre de monnaies d'or françaises démonétisées et équivalent en poids de fin.

Période	100F	50F	40F	20F	10F	5F
1803-1889 *					4 858 992	4 498 588
1907-1927 *	66	25	684	5 583 697	6 879 440	19 965 333
1940-1948 **				125 000 000		
TOTAL (Nb)	66	25	684	130 583 697	11 738 432	24 463 921
TOTAL (Kg)	1,91	0,36	7,94	758 226,40	34 081,36	35 492,26

* Source : Rapport au Ministre des Finances par l'Administration de la Monnaie (1926-1927).
** Procès verbal du Conseil général de la Banque de France du 25 octobre 1951.

Exportations et importations

Dans un monde dominé par l'étalon or, les opérateurs réalisant des arbitrages entre devises généraient des flux de métaux précieux entrants et sortants du territoire national selon les opportunités de gains créées par les écarts du prix de l'or entre les différentes places financières.

L'économiste et homme politique français Jean-Marcel Jeanneney résumait ainsi ces flux générés par les déséquilibres entre marchés :

« Si, par suite de fortes demandes de francs sur le marché des changes, son cours s'élevait assez au-dessus de sa parité métallique avec l'une ou l'autre de ces monnaies pour qu'on puisse, en échangeant des francs contre cette monnaie, se procurer de l'or à l'étranger avec un nombre de francs quelque peu inférieur à 3 437 F le kilogramme d'or fin, il devenait avantageux d'importer de l'or en France afin d'y obtenir des pièces françaises ou des billets de banque, dont la valeur serait légèrement supérieure au prix d'achat de cet or à l'étranger majoré des frais de transport. Si, au contraire, le cours du change français s'abaissait suffisamment au-dessous de sa parité métallique, l'or était prélevé dans la circulation ou demandé à la Banque de France, en échange de billets, pour être exporté. »[68]

« L'or importé qui n'était pas utilisé en orfèvrerie ou par l'industrie était soit frappé en pièces, soit apporté à la Banque de France où il donnait lieu à une émission de billets ou un gonflement des comptes courants créditeurs. Inversement l'or exporté était principalement prélevé soit sur le stock de pièces en circulation soit sur l'encaisse de la Banque de France. »[69]

Inventorier les entrées et les sorties d'or de France est donc un véritable casse-tête, quand bien même ces situations seraient connues. Le réflexe naturel serait de s'en remettre aux statistiques de l'Administration de la douane. Malheureusement, celles-ci s'avèrent incomplètes et rendent donc difficilement compte de la réalité des flux. Plusieurs auteurs ont tenté de lever le mystère sur ces flux en s'appuyant sur ces statistiques.

Léon Say, économiste et homme d'État, constate en 1874 dans son rapport fleuve à la Commission du budget sur le payement de l'indemnité de guerre à la Prusse, « *Le mouvement du numéraire est plus difficile à connaître que celui des marchandises, parce que les statistiques officielles ne donnent pas des chiffres aussi exacts pour les métaux précieux que pour les marchandises.* », pour ensuite conclure « *Ce n'est donc pas dans les états de douane que l'on peut trouver une indication précise du mouvement des métaux précieux en 1871, 1872 et 1873.* »

Alfred de Foville, économiste et statisticien français ayant dirigé l'Administration des monnaies et médailles de 1893 à 1900, converge vers la même conclusion dans « La circulation monétaire de la France en 1891 » : « *L'Administration des douanes elle-même, quand elle se met à chiffrer nos importations et exportations de numéraire, ne fournit à la statistique monétaire qu'une contribution très suspecte et elle est la première à nous recommander de ne pas trop l'en croire sur ce point.* »

Puis en 1917, René Pupin ajoute : « *une somme de 730 millions, en pièces de 20 francs, a quitté ce pays, de 1870 à 1873, dont la Douane ne fit pas mention. À l'opposé de ce que l'on observe en 1915-1916, seules les exportations directement faites par l'État sont consignées sur les registres de la Douane en 1870-1873, et leur excédent se chiffre par 273 millions seulement. Si l'on tient compte de ce fait important, le surplus net d'or monnayé dont notre pays a bénéficié durant cette longue période se trouve ramené à 1 milliard 37 millions, soit un milliard en chiffre rond.* », soit l'équivalent d'un flux entrant de 301 tonnes d'or fin entre 1870 et 1915.

Pourtant, les archives de la Banque de France témoignent de l'importance des montants de monnaies exportées au quotidien. Ainsi le 16 mars 1892, le directeur général des Douanes rendait compte au gouverneur de la Banque de France :

> « J'ai l'honneur de vous informer qu'il a été exporté la semaine dernière du Havre pour New-York par le paquebot « La Bretagne » de la Compagnie Générale Transatlantique, 1.080.000 grammes de monnaies d'or, d'une valeur déclarée de 3.348.000 francs. Il a été en outre expédié le 7 mars courant pour cette même destination par la voie de Southampton, 323.000 grammes valant 1.000.000 francs. »
>
> Source : Archives de la Banque de France.

Ces exportations ne sont pas sans conséquence. En effet, la réglementation douanière américaine a été pendant longtemps très préjudiciable à la survie des monnaies étrangères importées sur le territoire des États-Unis. Les dispositions du Code des Douanes américain, le *Tariff Act* de 1883, exigeaient que les pièces en monnaie étrangère en or entrant aux États-Unis soient fondues[70]. Les monnaies en or provenant d'autres pays étaient donc transformées en lingots lesquels étaient ensuite utilisés pour la frappe de pièces américaines. Cette disposition visait à protéger la monnaie nationale locale et à privilégier l'utilisation des monnaies émises par le gouvernement américain.

Un échantillon de quelques rapports douaniers adressés à la Banque de France et retrouvés dans ses archives (voir le tableau ci-dessous) donne un aperçu du volume des exportations d'or monnayé vers les États-Unis. Celles-ci représentent, *a minima*, 11 tonnes de monnaies françaises qui ont été très certainement fondues outre-Atlantique pour renaître en dollars américains.

Cet échantillon n'est pas exhaustif sur cette période de six mois, ni représentatif de la fréquence des voyages transatlantiques. L'impact sur le stock de monnaies d'or françaises est très certainement beaucoup plus important que l'échantillon ne le montre. Celui-ci ne peut donc être ignoré quand bien même il n'est pas possible de le quantifier.

Tableau 10 : Rapports des douanes d'exportation de monnaies d'or vers les États-Unis.

Date	Monnaies d'or (g)	Navire	Destination
5 sept. 1891	1 914 517	La Bretagne	New York
12 sept. 1891	403 227	La Champagne	New York
19 sept. 1891	3 494 033	La Bourgogne	New York
19 sept. 1891	819 353	Via Southampton	New York
26 sept. 1891	4 600 000	La Touraine	New York
3 oct. 1891	2 270 968	La Bretagne	New York
5 déc. 1891	735 000	La Bourgogne	New York
16 janv. 1892	161 000	La Bourgogne	New York
23 janv. 1892	403 000	La Normandie	New York
30 janv. 1892	1 291 000	La Normandie	New York
7 févr. 1892	726 000	La Gascogne	New York
5 mars 1892	938 000	La Normandie	New York
16 mars 1892	1 080 000	La Bretagne	New York
TOTAL	**11 215 996 g**		

Source : Archives de la Banque de France.

C'est donc un sujet sur lequel tous les auteurs, à travers les âges, semblent en accord ; les importations et exportations de monnaies et lingots d'or resteront donc une inconnue dans l'équation, mais une inconnue d'importance.

L'arbitrage entre l'or et l'argent

La mise en place d'un système monétaire bimétalliste a créé de nouvelles opportunités pour les arbitragistes. Ainsi que le décrit plus haut Jean-Marcel Jeanneney, les opérateurs en mesure d'intervenir sur plusieurs places de cotation – en particulier Londres et Paris – utilisaient à leur profit les écarts de cours entre places en exportant ou important les monnaies ou lingots d'une place vers une autre (Paris, Londres, Suisse, etc.).

Dans son ouvrage magistral « Les secrets de l'or », Didier Bruneel illustre cette situation en citant des périodes du XIXe siècle pendant lesquelles, en France, le rapport or-argent commercial dépassait 15,5 (jusqu'à 22 en 1880), offrant aux spéculateurs français et étrangers la possibilité d'échanger des monnaies d'argent dont la valeur faciale était devenue très supérieure à leur valeur marchande contre de l'or échangeable au ratio officiel aux guichets de la Banque de France.

L'Or des Français

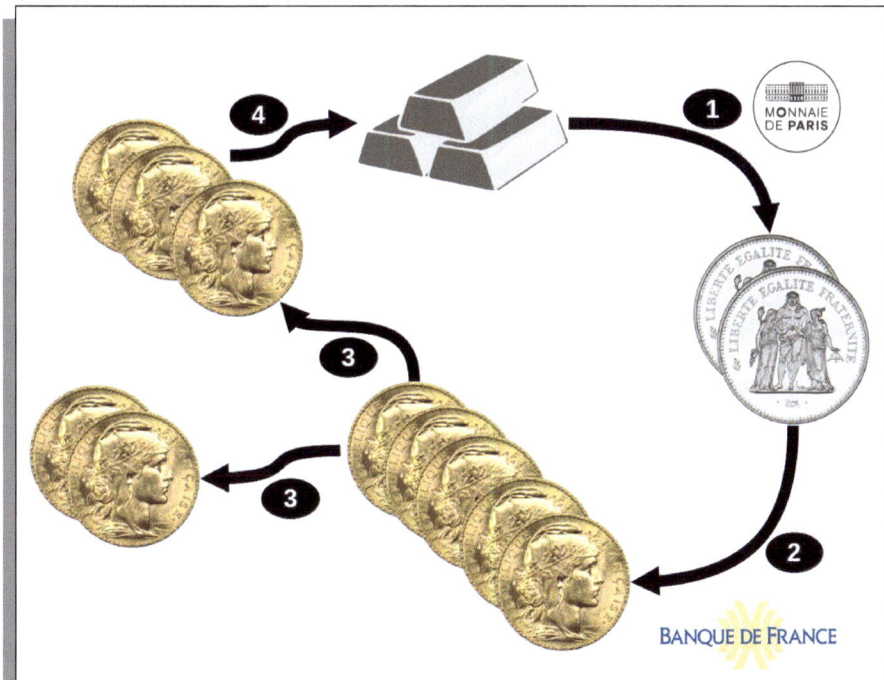

Figure 26: Comment transformer l'argent en or en 4 étapes.

1 - La libre frappe permet de faire frapper des monnaies d'argent à partir d'un lingot acquis au prix du marché industriel. 2 – Les monnaies d'argent sont échangeables contre des monnaies d'or à leur valeur faciale. 3 – Le bénéfice tiré de l'opération mis de côté, 4 – les monnaies d'or restantes permettent de renouveler l'opération en achetant un autre lingot d'argent.

Ces arbitrages, outre l'inconnue qu'ils représentent en matière de flux d'importation et d'exportation, avaient un impact direct sur les stocks respectifs d'or et d'argent monétaires. Mais l'intérêt de ces arbitrages, et donc l'impact sur ces stocks, était renforcé par la composition de l'alliage constituant ces pièces d'or et d'argent.

Le métal présent dans l'autre métal

Dans les débats à l'Assemblée, dans le cadre de la préparation de la loi de 1829 relative à la refonte des anciennes monnaies, ces méthodes d'arbitrage entre l'or et l'argent et leurs conséquences, étaient largement dénoncées. Les monnaies anciennes d'argent contenant quelques millièmes d'or étaient fondues pour en extraire cet or[71]. L'argent était acheté au poids et selon la valeur commerciale du moment auprès du public puis fondu et façonné en lingots et présenté dans un établissement de la Monnaie pour y être frappé en monnaies d'argent dont la valeur nominale globale était alors supérieure à la valeur commerciale initiale ce qui permettait au final de réaliser de beaux profits en échangeant ces pièces d'argent contre des monnaies d'or (voir l'illustration ci-dessus).

Les anciennes monnaies d'or contenant de l'ordre de 60 à 70 millièmes d'argent par kilogramme étaient également fondues pour en extraire l'argent et façonner l'or en lingots[72]. Les affineurs, et aussi spéculateurs à leurs heures perdues, ont ainsi éradiqué les anciennes monnaies d'or françaises pour en tirer l'argent, ce qui leur permettait, après frappe, d'acquérir de l'or à un prix avantageux.

L'or à usage industriel

Jusqu'à la suspension[73] de la cotation de l'or à la Bourse de Paris en 2004, les Français avaient depuis plusieurs siècles la possibilité de négocier des produits en or soit par l'intermédiaire de courtiers intervenant pour eux à la Bourse, soit en s'adressant à un commerçant en métaux précieux (qui pouvait lui aussi faire office de courtier). Sur le marché des métaux précieux intervenaient non seulement des courtiers mais aussi des professionnels venant là pour acquérir une matière première à des fins de transformation (or dentaire, dorure[74], bijouterie, fil d'or, etc.).

Dès lors, comment faire la part des choses entre les transactions destinées à la thésaurisation et celles ayant un objectif industriel ?

Les tonnages d'or utilisé à des fins industrielles mentionnés dans les rapports de l'Administration des Monnaies et Médailles de 1870 à 1936 ne manquent pas de surprendre. En effet, la période antérieure à 1914 a connu une croissance continue mais raisonnable des stocks d'or utilisés à des fins industrielles. Après avoir atteint 40 tonnes en

1912, cette croissance s'est brutalement interrompue pendant le conflit puis a repris à partir de 1917. Cette reprise a été quasi verticale en culminant à 94 tonnes en 1920. Elle a dépassé très largement les projections qui auraient pu être faites en conservant le taux de croissance antérieure à 1914.

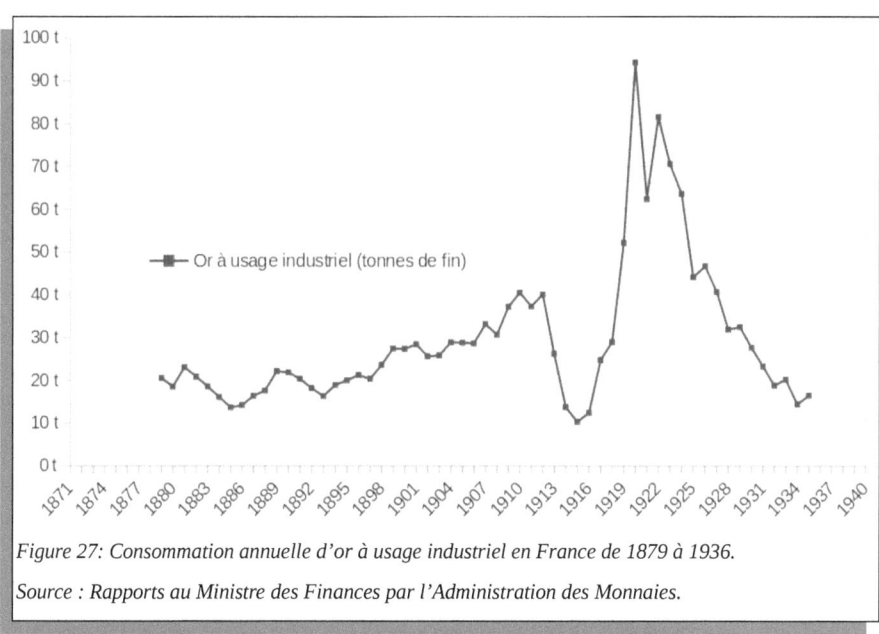

Figure 27: Consommation annuelle d'or à usage industriel en France de 1879 à 1936.
Source : Rapports au Ministre des Finances par l'Administration des Monnaies.

Que s'est-il donc passé ?

L'explication est simple : depuis l'été 1914 et le cours forcé des billets, les monnaies d'or circulaient peu, voire pas du tout. Le franc germinal ne s'échangeait plus au pair officiel avec le dollar américain, conséquence des déséquilibres des comptes de l'État. Dès lors le prix en francs de l'or commercial faisait prime sur le prix de l'or officiel (selon la définition du Franc germinal). En d'autres termes, les monnaies d'or françaises valaient plus que leur valeur faciale. Aussi faire réaliser des bijoux ou tout autres produits en or en fondant des monnaies françaises était donc plus avantageux que d'acheter de l'or. Deux raisons qui poussaient à l'utilisation des monnaies d'or pour ces productions.

La situation était particulièrement évidente après 1918, comme le révèle le graphique ci-dessous. Le prix de l'or en francs s'envolait littéralement alors qu'en dollars américains ce prix restait relativement stable (hormis une poussée de fièvre, vite maîtrisée, en 1923).

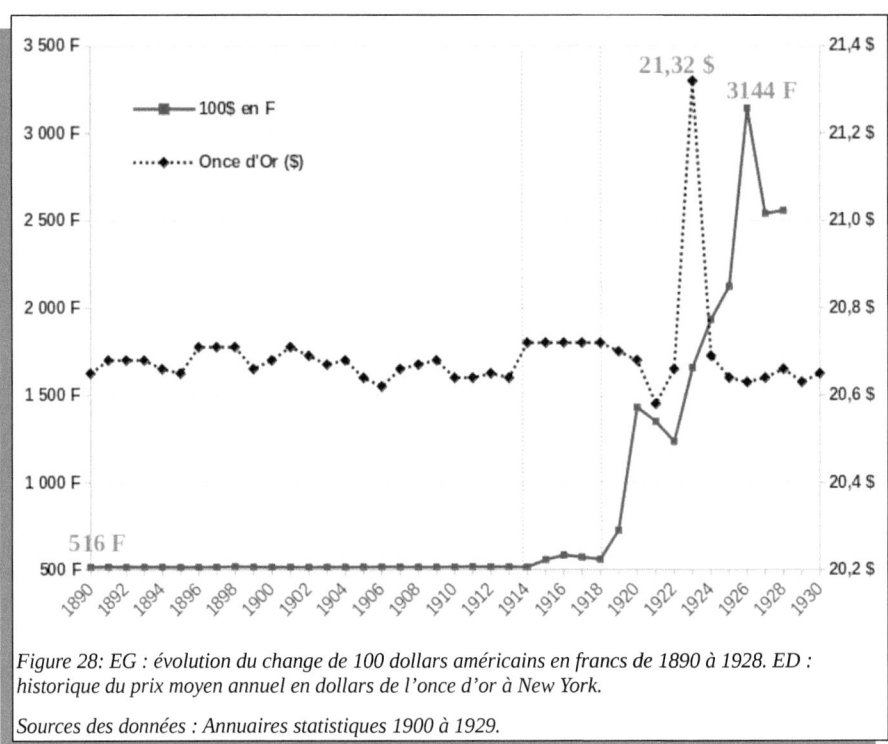

Figure 28: EG : évolution du change de 100 dollars américains en francs de 1890 à 1928. ED : historique du prix moyen annuel en dollars de l'once d'or à New York.

Sources des données : Annuaires statistiques 1900 à 1929.

La pratique de fondre des monnaies d'or ne faisait l'objet, jusqu'alors, d'aucune législation en France. Aussi, pour préserver la masse monétaire métallique d'or et d'argent, le gouvernement faisait voter une loi le 12 février 1916 interdisant « *en temps de guerre* » à toute personne d'acheter, de vendre ou de céder, de tenter ou de proposer d'acheter « *des espèces et monnaies nationales, à un prix dépassant leur valeur légale, ou moyennant une prime quelconque* ».

Après l'Armistice, les motifs et sanctions de cette loi étaient repris dans la loi du 16 octobre 1919 pour les étendre au temps de paix et aux colonies et pays de protectorat (hors Maroc et Tunisie). Puis le 20 octobre 1919 le Sénat et la Chambre des députés adoptaient la loi « *réprimant la fonte des monnaies d'or et d'argent* » en reprenant les condamnations prévues par la loi de 1916 « *6 jours à 6 mois d'emprisonnement et une amende 100 à 5000 francs ou l'une de ces deux peines seulement.* »

Néanmoins, les sanctions ne semblant pas avoir effrayé les contrevenants, le gouvernement durcissait les sanctions dans l'article 30 de la loi du 29 avril 1921 étendant la peine de prison jusqu'à 5 ans et l'amende à 20 000 francs. En outre, ces sanctions s'étendaient désormais aussi à la fonte des monnaies de l'Union latine et des monnaies étrangères.

> Art. 30. — L'article 1er de la loi du 28 octobre 1919 est abrogé et remplacé par les dispositions suivantes :
> Est punie d'un emprisonnement de deux à cinq ans et d'une amende de 1.000 à 20.000 fr. toute personne convaincue d'avoir, sans autorisation spéciale du Ministre des finances, procédé à la fusion, à la refonte et à la démonétisation, dans un but industriel ou privé, de monnaies de l'Union latine ou de monnaies étrangères ayant cours en France.
> « Les monnaies réunies en vue de leur fusion et de leur refonte ou de leur démonétisation, les lingots composés avec le métal en provenant, les objets fabriqués avec ces monnaies ou ceux dans lesquels elles sont incorporées, ainsi que les ustensiles, instruments et machines ayant servi à ces opérations, seront saisis et confisqués.
> « Les dispositions du présent article sont applicables aux colonies et aux pays de protectorat autres que la Tunisie et le Maroc. »

Figure 29: Article 30 de la Loi du 29 avril 1921.

Toutes ces interventions des législateurs attestent de l'importance qu'avait pris le phénomène. Dans « Le Marché des Monnaies d'Or » aux éditions De Litra, l'auteur commente cette période en ces termes : « *La ponction réalisée de la sorte sur les disponibilités or du public fut certainement beaucoup plus importante qu'on ne le croit généralement. Ainsi de 1914 à 1928, c'est-à-dire pendant toute la période cours forcé, la consommation industrielle d'or a dépassé au total 600 tonnes dont une bonne part a été prise sur les stocks privés en pièces.* »[75]

La rareté de l'or à l'étranger

Ce sujet a été abordé brièvement plus haut mais sous l'angle de la production d'or. La rareté s'est également étendue à l'or monétaire.

Au XIXe siècle, les monnaies d'or françaises étaient en effet très appréciées hors de l'Hexagone. Le graphique ci-dessous illustre la position dominante qu'occupaient les réserves d'or de la Banque de France pendant plusieurs décennies. La France était alors la référence en matière d'or monétaire.

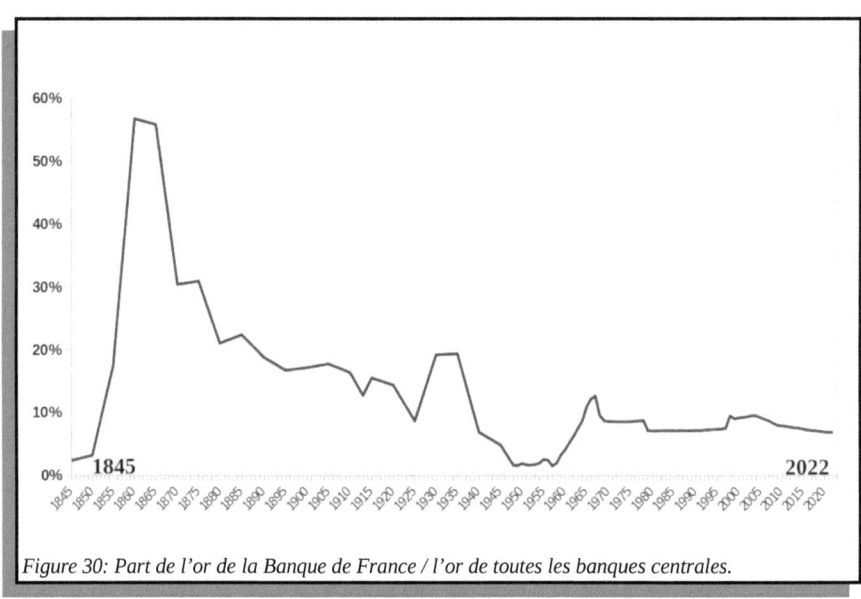

Figure 30: Part de l'or de la Banque de France / l'or de toutes les banques centrales.

En 1875, Léon Say révèle à l'Assemblée nationale que « *la France a absorbé 44 pour 100 de la monnaie d'or frappée, de 1848 à 1871, dans les quatre grands pays où la circulation est fondée sur l'or.* »

Dès lors, les monnaies d'or françaises ont souvent servi soit, en l'état, de moyens de payement étrangers reconnus officiellement à l'instar de la Belgique en 1830, soit de matière première pour la fabrication des monnaies étrangères européennes et nord-américaines.

Ce pillage de monnaies d'or entre pays était une habitude profondément ancrée dans les mœurs monétaires. De Foville en donne quelques exemples dans son ouvrage de 1906 : « *On fabrique aussi – à tort ou à raison – des eagles américains avec des sovereigns anglais, de l'or allemand avec de l'or français* [sujet qui sera développé plus loin], *des François-Joseph avec des Helvetia, etc.* ».

L'Union Monétaire Latine

Jusqu'à 1914, l'épargne en or la plus répandue en France était sous la forme de monnaies d'or d'origine française et, dans une moindre mesure, aussi étrangère.

Les conquêtes napoléoniennes avaient introduit un début d'unification monétaire de l'Europe continentale. Après la défaite de l'Empire plusieurs pays conserveront pour leur propre usage monétaire soit les moyens de payement français eux-mêmes, comme en Belgique, soit les principes définis par le système monétaire du franc germinal, comme en Italie et en Suisse en 1851.

Ces convergences autour du système germinal, les difficultés monétaires engendrées par la progression des cours de l'argent par rapport à ceux de l'or et la nécessité de faciliter les échanges commerciaux conduiront naturellement ces pays à une réflexion sur la réalisation d'un système monétaire commun.

C'est ainsi que la Convention monétaire, dite de l'Union latine[76], voyait le jour le 23 décembre 1865 entre la Belgique, la France, l'Italie et la Suisse. Selon les termes de cette convention, les pièces en or et en argent des pays signataires étaient autorisées à circuler dans ces pays et seraient reçues dans les caisses des États signataires au même titre que les pièces émises localement.

L'objectif des États fondateurs était de « *contribuer, en formant entre eux une Union monétaire, aux progrès de l'uniformité des poids, mesures et monnaies* ».

L'Union latine s'appuyait sur trois principes essentiels. D'une part le bimétallisme, avec un rapport entre l'argent et l'or de 15,5 pour 1, l'adoption du franc germinal de 1803 et, d'autre part, la libre circulation des monnaies métalliques d'or et d'argent entre les pays membres[77].

L'acceptation de pièces étrangères en or a été élargie ensuite à la Grèce, signataire de la Convention en 1868. L'Union latine fut dissoute en 1927, victime des désordres monétaires hérités du premier conflit mondial et des fortes perturbations liées au bimétallisme et à la découverte de fabuleux gisements d'argent au Nevada, dévaluant fortement le prix de l'argent vis-à-vis de l'or.

Malgré l'acceptation de principe aux guichets de la Banque de France et du Trésor public ces monnaies étrangères n'avaient pas cours légal en France, c'est-à-dire que les particuliers avaient la possibilité de les refuser et d'exiger des monnaies frappées en France[78].

Tableau 11 : Pièces ayant cours en France suite à loi monétaire de 1921 (Banque de France).

Origine	Pièces
France	100, 50, 40, et 20 francs sans distinction de millésime
	10 francs au millésime 1850, 1851, 1855 et années suivantes. Les pièces de 10 francs du diamètre (?) de 0,019 mm et celles de 5 francs de diamètre (?) 0,014 mm, même celles qui porteraient le millésime de 1855 doivent être refusées ; elles ont été démonétisées en vertu des décrets des 7 avril 1855 et 19 février1859.
Belgique	Pièces de 100, 50, 20, 10, et 5 francs
Grèce	
Italie *	
Suisse	
Monaco	Pièces de 100 et 20 francs
Autriche-Hongrie	Pièces de 8 et 4 florins (20 & 10 francs)
Russie	Pièces impériales et demi-impériales (40 & 20 francs)
Espagne	Pièces de 10 et 20 pesetas à l'effigie d'Alphonse XIII (10 et 20 francs)

* Dans les pièces italiennes sont comprises les pièces de 20 francs de l'ancien royaume de Sardaigne aux effigies de Victor-Emmanuel 1er , Charles Félix, Charles Albert, Victor-Emmanuel II, et celles de 40 et 20 francs de l'ancien royaume d'Italie à l'effigie de Napoléon I.

Figure 31: Publicité d'époque pour l'Union latine. Source: www.citeco.fr

Cette réussite initiale de l'UML suscitait l'intérêt d'un grand nombre de pays souhaitant, à défaut de rejoindre l'Union, définir avec elle une norme monétaire internationale afin de faciliter les échanges commerciaux.

> • L'ensemble des décisions de la Conférence a été relié et dominé par un vœu tendant à ce que que les rapprochements de législation monétaire, qui pourraient être acceptés à l'avenir, aboutissent autant que possible à des conventions diplomatiques liant réciproquement les États et les mettant en garde, pour ainsi dire, contre leurs propres inconstances. L'intérêt des États dont les systèmes viendront à converger est évidemment de se procurer, par le *cours réciproque* de leurs monnaies, les avantages politiques du rapprochement de leurs types monétaires.
>
> Figure 32: Conférence monétaire internationale. Procès verbaux.
> Source : Paris, Imprimerie impériale, (1867).

À l'occasion de l'exposition universelle de Paris de 1867, la France hébergeait du 17 juin au 6 juillet cette conférence internationale réunissant une vingtaine de pays sur le thème de la recherche d'une monnaie universelle.

Cette première conférence conduisit à l'adoption de quelques normes[79] :
- système décimal,
- titre unique à 900 millièmes,
- étalon or, mais possibilité pour les États le désirant d'émettre des monnaies d'argent divisionnaires,
- définition de la monnaie de 5 francs comme « dénominateur commun » des monnaies en or ; c'est-à-dire comme unité de départ pour la création des monnaies ;
- toutes les pièces d'une même valeur faciale auront le même diamètre, les valeurs faciales existantes en franc germinal serviront de modèle ;
- création d'une monnaie de 25 francs or, pour se rapprocher du souverain britannique, du 5 dollars or américain et du 10 florins autrichien.

Les décisions de cette première conférence (il y en aura plusieurs autres) ne firent pas l'unanimité ou du moins deux États, le Royaume-Uni et la Prusse, affichaient peu d'enthousiasme. Néanmoins, sur les bases de cette ébauche de norme monétaire, plusieurs États devaient se mettre à la tâche pour produire des maquettes, ou essais, de ces futures éventuelles monnaies universelles.

Du côté français, la Monnaie de Paris produisit cet essai de la pièce de 25 francs or à double valeur faciale francs et dollars.

Figure 33: Pièce d'essai à double valeur faciale 25 francs et 5 dollars de la Monnaie de Paris.
Source : uspatterns.com

Aux États-Unis, l'US Mint en donnait cette version :

Figure 34: Pièce d'essai à double valeur faciale 25 francs et 5 dollars de l'US Mint.
Source : uspatterns.com (Effigies réalisées par Anthony C. Paquet)

La pièce d'or de 3 dollars était trop légère et la pièce d'or de 5 dollars était trop lourde pour être conforme à la norme européenne. La plus acceptable pour le Congrès était celle d'une pièce d'or de 4 dollars. Une autre version à 4 dollars, la Stella[80], a donc été frappée. Avec moins de 600 exemplaires réalisés, la cote stratosphérique de cette rareté fait aujourd'hui le bonheur des collectionneurs qui en détiennent[81].

Néanmoins, au final, aucun de ces essais ne sera jamais retenu pour émettre des moyens de payement légaux. Les parlementaires britanniques et américains rejetteront en effet le principe même de toucher à leur monnaie. À chaque fois, la même raison – ce qui, au passage, devrait nous éclairer aujourd'hui – la monnaie est un symbole de souveraineté nationale trop important pour être partagé hors de ses frontières.

Au-delà des pays liés par un traité avec les pays membres de l'Union (Autriche-Hongrie 1874, Russie 1887, Monaco 1878, Luxembourg, Sardaigne, Espagne 1891, etc.) ou sous protectorat de ceux-ci

(Tunisie, Congo, Érythrée, etc.), de nombreux autres pays ont en effet adopté unilatéralement les normes monétaires de l'Union latine (Argentine, Bulgarie, Chili, etc.). La liste complète est donnée en annexe 2.

L'ouvrage de Niederer, « L'Union Monétaire Latine »[82], recense l'ensemble des monnaies des pays membres de la convention. Les monnaies des pays de la convention pouvant circuler en France, cet ouvrage est donc intéressant pour apprécier les poids respectifs des masses d'or monétaire étranger de l'Union et mettre en perspective l'importance de l'or monétaire français dans cette union. L'or français y représentait en effet 87,5 % de l'ensemble de l'or des pays signataires de l'Union latine.

Tableau 12 : Principales émissions de monnaies d'or des membres de l'Union Latine.

Pays	France	Belgique	Suisse	Italie	Autres*	TOTAL
Millions de francs	8 750	600	12	425	213	10 000
Tonnes d'or fin	2 540	174	3	123	62	2 903

* Anciennes émissions des anciens États italiens et Grèce. Source : « La circulation monétaire de la France en 1891 » par A. de Foville.

Du fait de cette abondance et des facilités de circulation offertes par la Convention de l'Union latine, les monnaies d'or françaises se retrouvaient majoritaires dans la circulation monétaire en Belgique et en Suisse, deux pays où les frappes de monnaies d'or ont été peu nombreuses (voir annexe 1).

Tableau 13 : Pourcentages de monnaies d'or françaises détenues dans la circulation en Belgique et en Suisse selon les enquêtes menées dans ces pays.

Date	Pays	% de 20 francs françaises	% de 10 francs françaises
1878	Belgique	62,2 %	98,5 %
1905	Suisse	62,7 %	

Source : Société Royale de Numismatique de Belgique[83]

Néanmoins, ces deux pays n'étaient pas les seuls à utiliser très largement l'or français dans leur circulation monétaire. En conséquence, le chiffre final de monnaies d'or françaises disponibles en 2020 devra tenir compte de ce constat et être revu à la baisse s'il était question de savoir combien les Français, **à eux seuls**, pourraient en posséder. L'absence de données sur ce point (du moins l'auteur n'en a pas trouvé) ne permet pas d'aller au-delà de cette simple réflexion.

Les monnaies d'or victimes des guerres

> « En définitive, le XIXe siècle a été plus clément aux monnaies que ne devait l'être le XXe. Le Franc de germinal avait franchi quatre Révolutions, neufs régimes et trois invasions. Il allait céder par deux fois aux coups de la guerre mondiale et de la crise. »
> René Sédillot (1937)[84]

Les conflits armés ont été le principal facteur d'érosion du stock de monnaies d'or françaises. Plusieurs démonétisations sont intervenues au fil de l'Histoire de France sous la contrainte des événements géopolitiques. Chaque grand malheur ayant frappé la France a ainsi réduit un peu plus le stock initial de monnaies d'or.

La défaite de 1815

Le 9 mars 1814, par le traité de Chaumont, l'Angleterre, l'Autriche, la Prusse et la Russie – surnommés les Quatre ou les Alliés – signaient une alliance pour 20 ans contre l'Empire français dont les jours étaient comptés. En effet les Quatre entraient dans Paris le 31 mars et acceptaient un armistice le 23 avril à la demande du comte d'Artois.

Le 30 mai, le traité de Paris, ou Premier Traité de Paris, ramenait la France à ses frontières de 1792 mais surtout mettait fin au conflit sans dédommagement demandé par les vainqueurs. Trois jours plus tard les troupes étrangères évacuaient le territoire.

Les choses seront bien différentes en 1815. Après l'épisode des Cent-Jours et la défaite de Waterloo puis l'abdication de Napoléon Bonaparte le 22 juin 1815, la France trouvera en face d'elle des Alliés beaucoup moins magnanimes.

Le traité de Paris du 20 novembre 1815, ou Second Traité de Paris, imposait à la France, outre un retour à ses frontières de 1790, une indemnité de guerre de 700 millions de francs à régler en 5 ans (soit 203 tonnes d'or) et la prise en charge de tous les coûts afférents au maintien des 150 000 soldats occupant le territoire pour garantir le respect des clauses du traité, soit environ 150 millions de francs par an.

À ces exigences les Alliés imposaient que la France honora les engagements – intérêts inclus – pris par les précédents gouvernements français depuis 1793 vis-à-vis de tous les gouvernements européens. L'intervention du tsar parviendra à limiter le montant astronomique de ces engagements à 321 millions de francs.

La France était dans une impasse financière. Après de longues négociations, son salut viendra de financiers étrangers, les banquiers Baring et Hope : « *On reconnut que les maisons françaises ne pouvaient se charger d'une opération aussi considérable. Un des banquiers, depuis membre de la Chambre, le déclara positivement, et il fut unanimement convenu qu'on s'adresserait de nouveau aux maisons Hope et Baring* »[85]

L'indemnité de guerre sera ainsi couverte par des payements en espèces par le Trésor et par 685 millions de francs d'émissions d'obligations organisées par ces deux banques, britannique et batave.

Au total, les charges directement imposées à la France par le traité de 1815 se sont élevées à 1 905 950 256 francs (soit l'équivalent d'un peu plus de 553 tonnes d'or).

L'occupation du territoire prendra fin en 1818 simultanément au déclenchement d'une grave crise financière. Le Premier ministre Richelieu quittant sa fonction concluait : « *Tel est le bilan de l'aventure des Cent-Jours et des convoitises, contenues en 1814, qu'elle avait déchaînées. À travers toutes sortes de difficultés, la France a su, par un véritable tour de force, s'acquitter de toutes ces charges et faire honneur à sa signature.* »

La France a en effet réalisé un véritable exploit en honorant ses engagements malgré l'énorme fardeau financier que ceux-ci représentaient.

L'évolution de l'encaisse or de la Banque de France montre la contribution apportée par les monnaies d'or mais aussi l'effort de reconstitution qui a suivi.

Tableau 14 : évolution de l'encaisse or de la Banque de France de 1814 à 1818.

Or en kg	1814	1815	1816	1817	1818
Encaisse or de la Banque de France	3252	1568	871	2439	4123

Source : Rapport au Ministre des Finances – Administration des Monnaies et Médailles – 1896.

En 1815, et depuis 1803, le stock de monnaies d'or se limitait à 183 tonnes de fin soit la valeur de 632 millions de francs germinal. À la lecture de ce tableau il semble évident que ces monnaies constituaient une part très faible de l'encaisse or de la Banque de France.

Pour expliquer cette différence, il est possible de postuler qu'il existait encore un volume relativement important de monnaies d'or royales françaises et de lingots et monnaies d'or étrangères, accumulées par les troupes de l'Empire à l'occasion des campagnes menées dans les pays étrangers.

Comme mentionné plus haut, le Trésor a apporté sa contribution en espèces au payement de l'indemnité, néanmoins aucune information n'a été trouvée pour apprécier l'étendue et la forme de celle-ci. À ce stade, il n'est donc pas possible d'apprécier le volume des monnaies d'or qui auraient disparu dans ces conflits.

La guerre de 1870

Après la défaite de Sedan, la France fut condamnée à payer une indemnité de guerre considérable de cinq milliards de francs sur trois ans à la Prusse. La libération progressive du territoire de l'occupation prussienne était subordonnée au respect des échéances imposées par le traité de Francfort de 1871. Pour mesurer l'importance des exigences prussiennes, la « Revue politique et parlementaire »[86] cite l'évaluation qu'en a faite Benjamin Constanty : « *le coût de l'indemnité et les frais additionnels d'emprunts représenterait entre un quart et un tiers du revenu national brut produit sur une année.* »

Humiliation suprême pour les Français, le 18 janvier 1871 Guillaume Ier et le chancelier Bismarck proclamaient la création de l'Empire allemand dans la galerie des Glaces du palais de Versailles ornée des ors à la gloire des victoires de Louis XIV. La création d'une monnaie commune, le Mark[87], se substituant à celles des quelque 26 États indépendants de 1870, devenait un élément structurant pour le succès de la construction de la nouvelle nation allemande.

En 1874, Léon Say[88] fut le premier à commenter avec beaucoup de détails l'origine de la création de la nouvelle monnaie d'or du jeune État allemand et la disparition concomitante d'une grande quantité de monnaies françaises de 20 francs or.

> « *Nous avons déjà fait allusion à l'intérêt qu'a pu avoir, à une certaine époque, le gouvernement français à remettre au gouvernement allemand de l'or pour servir à la fabrication de la nouvelle monnaie de l'empire. Le changement apporté par l'Allemagne à sa circulation monétaire a eu une influence considérable sur les opérations du Trésor français.* »
>
> « *Pour se procurer l'or nécessaire à cette fabrication, le gouvernement allemand avait à sa disposition l'or fourni par le gouvernement français, l'or qu'il pouvait tirer d'Angleterre, en payement des traites en livres sterling que la France lui remettait et, enfin, toutes les matières que le commerce pouvait livrer en Allemagne.* »
>
> Source : « Rapport fait au nom de la Commission du budget de 1875 » du 5 août 1874 par Léon SAY.

Suit alors dans son long exposé la liste des pièces utilisées pour la fonte et la réalisation des marks or : « couronnes frappées en Allemagne, en Autriche, florins, ducats russes, monnaies turques, isabelles d'Espagne, frédérics d'or de Prusse, dollars américains, souverains anglais, etc. » Enfin, et surtout, des monnaies françaises pour un montant de 847 millions de francs[89], essentiellement en pièces d'or de 20 francs, représentant le cumul des acquisitions suivantes par l'Allemagne :

- 273 millions de francs fournis par le gouvernement français[90], se décomposant en 150 millions fournis par la Banque de France dans le cadre d'une convention signée avec le Trésor et 123 millions de francs provenant des entrées dans les caisses du Trésor public.
- 245 millions de francs achetés à la pièce en Allemagne.
- 287 millions de francs achetés au poids en Allemagne.
- 42 millions de francs achetés au poids en Angleterre.

Concernant les achats réalisés en Angleterre, Léon Say révèle dans son rapport que la Banque d'Angleterre avait préalablement acquis un montant important d'or français en pièces de 20 francs : « *Les hôtels des monnaies d'Allemagne ont démonétisé pour 847 millions de francs de pièces d'or de 20 francs, et la Banque d'Angleterre a acheté pour 197 millions de francs de pièces de 20 francs.* »

Sachant que les 42 millions de francs que l'Allemagne a acquis en Angleterre en pièces de 20 francs provenaient des 197 millions de francs de 20 francs détenus par la Banque d'Angleterre, il convient de comptabiliser la perte de 155 millions de francs de 20 francs venant s'ajouter à celle des 847 millions de francs démonétisés par l'Allemagne.

Au total, Léon Say constate dans ce rapport la perte d'un milliard de francs en monnaies de 20 francs or (très exactement 847+155=1002 millions de francs) représentant :

- **246 tonnes d'or** fin des monnaies de 20 francs qui ont ainsi été fondues pour donner naissance à la nouvelle monnaie allemande,
- et **45 tonnes** d'or fin provenant des monnaies de 20 francs vendues par la Banque d'Angleterre à l'Allemagne.

Soit plus de **50 millions de pièces** de 20 francs or.

Considérant que la frappe de marks d'or s'est étalée jusqu'en 1878 et que l'estimation donnée par Léon Say a été faite en 1873, il n'étonnera personne que ce volume de 291 tonnes de monnaies françaises d'or fondues puisse être considéré comme un minimum.

Au-delà des pertes liées aux conditions imposées par la Prusse à la France, il conviendrait aussi de prendre en compte la réalité des contraintes et des conséquences de l'occupation vécue pendant trois ans par les Français de l'est de la France. En effet, les villes françaises occupées par les troupes allemandes ont subi de nombreuses réquisitions, amendes, rançons et spoliations. Ces exactions sont peu documentées et dès lors le montant d'or français ayant été cédé ou volé est impossible à évaluer mais néanmoins réel.

La Grande Guerre

Le 3 août 1914, la France entrait en guerre. La Banque de France donnait aussitôt pour instruction à tous ses comptoirs de ne plus effectuer de payements en monnaies d'or.

Simultanément à la déclaration de mobilisation générale, le cours forcé des billets de banque[91] entrait en vigueur par la loi du 5 août 1914 :

> *« Article 1. Les billets de banque seront reçus comme monnaie légale par les caisses publiques et les particuliers. »*

En outre, l'article 3 de la loi mettait fin à la convertibilité :

> *« Article 3. Jusqu'à ce qu'il en soit disposé autrement par une loi, la Banque de France et la Banque d'Algérie sont dispensées de l'obligation de rembourser leurs billets en espèces. »*

Désormais, les billets valent ce que vaut l'or et ne peuvent plus être échangés pour obtenir de l'or. De fait, l'étalon-or n'existe plus.

Pour ses importations stratégiques, la France a dans un premier temps utilisé ses réserves devises étrangères et sa position créditrice vis-à-vis des États-Unis (un milliard de dollars[92]). Néanmoins ces ressources s'épuisant, les payements extérieurs seront de plus en plus réalisés en or. Les besoins en financement pour cette guerre étaient énormes. Le conflit n'avait pas été bien anticipé au plan financier. Le financement sera dans un premier temps largement improvisé, l'État faisant appel aux emprunts à court terme et à des avances de la Banque de France.

Après ces premiers expédients, le gouvernement établissait un plan de ressources sollicitant l'épargne des Français et celle des pays alliés. Une vaste campagne d'incitation, et d'actions de propagande, selon les termes mêmes de la Banque de France, était organisée par le **Comité national de l'or et des bons de la Défense nationale** tout au long de ces années de guerre pour convaincre les Français d'apporter leur or dans les caisses de la Banque.

En 1915, le gouvernement en appelait au patriotisme des Français. Ceux-ci étaient invités, sans aucune contrainte[93] sinon morale, à échanger leur or à la Banque de France contre des billets.

Figure 35: Certificat de versement d'or à la Banque de France en 1915

Figure 36: Comité national de l'or et des bons de la Défense nationale.

Sur la durée du conflit, 2 172 397 000 francs et 67 400 000 marks seront ainsi collectés et serviront à maintenir l'encaisse or de la Banque de France et à payer les fournitures achetées à l'étranger.

Cette opération d'échange de monnaies d'or contre des billets était prolongée au-delà de l'Armistice de 1918 jusqu'en septembre 1926 et permettra ainsi de collecter au **total 700 tonnes d'or fin**[94] dont 681 tonnes de monnaies françaises, principalement de 20 francs or de 1915 à 1926.

Tableau 15 : Versements en or de 1915 à 1926. Source : Archives de la Banque de France.

Année	Versements OR (F) par an	Poids de fin (Kg) par an
1915	1 340 725 000	389 243
1916	483 672 000	140 421
1917	288 000 000	83 613
1918	127 400 000*	36 987
1919	100 900 000	29 294
1920	22 860 000	6 637
1921	24 030 000	6 976
1922	10 498 000	3 048
1923	5 586 000	1 622
1924	4 850 000	1 408
1925	2 970 000	862
1926	721 000 **	209
TOTAL (toutes monnaies)	**2 412 212 000**	**700 320**
TOTAL monnaies en Francs	**2 344 812 000**	**680 753**
Nombre de pièces de 20 francs	**117 240 600**	

* dont 67 400 000 F (19 568 kg) en reichmarks. ** Montant arrêté au 27 septembre 1926.

Jouant toujours sur la fibre patriotique des Français, le gouvernement entreprenait dès septembre 1914 l'émission de **bons de la Défense nationale** (jusqu'à 5 % d'intérêts payables d'avance) et, à partir de février 1915, **d'obligations de la Défense nationale et de bons** disponibles en différentes valeurs nominales, et accessibles aux Français les plus modestes qui seront nombreux à y souscrire. L'État plaçait ainsi pour environ 50 milliards de francs de bons de la Défense nationale.

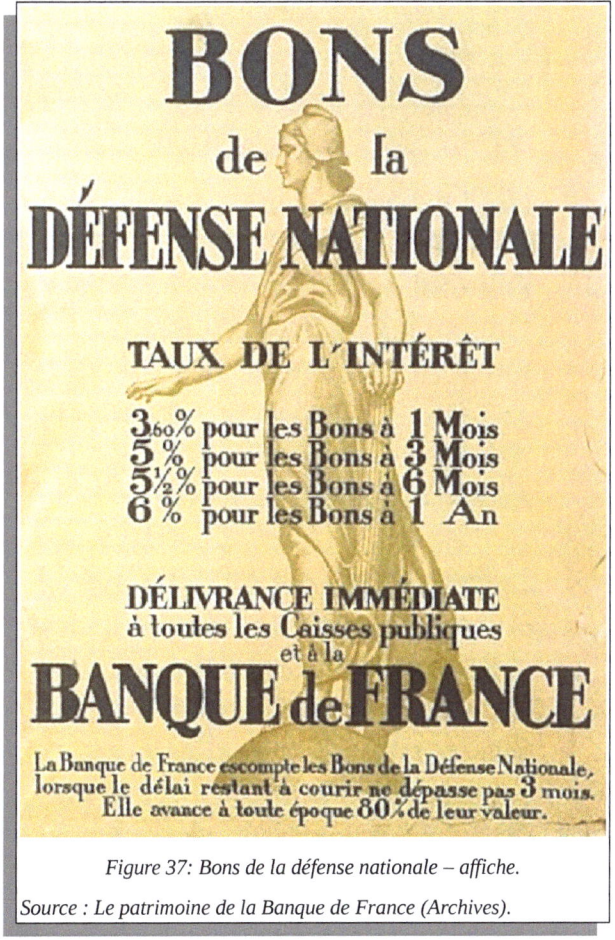

Figure 37: Bons de la défense nationale – affiche.
Source : Le patrimoine de la Banque de France (Archives).

Chaque année à partir de 1915 et jusqu'à la fin du conflit seront ouverts à la souscription des emprunts, baptisés **emprunts de la Défense nationale**, en rentes 5 % (puis 4 % en 1917 et 1918) exemptées d'impôt, anonymes, émises sous la valeur nominale (ce qui leur conférait un rendement plus élevé que le rendement publié[95]). Sur les quatre années, du conflit le gouvernement s'endettera ainsi de près de 59 milliards de francs.

La presse de l'époque évoque des souscriptions à des emprunts réalisées en or. Dans l'annonce ci-dessous « Magnifiques Résultats de l'Emprunt », du 10 novembre 1916, le journal mentionne pour 1915 et

1916 respectivement 505 tonnes (« 1808 millions de francs ») et 46,5 tonnes d'or (« 160 millions de francs ») apportées au deuxième emprunt de la Défense nationale.

> Vendredi, 10 novembre 1916.
>
> *Magnifiques Résultats de l'Emprunt*
>
> **Onze milliards 360 millions souscrits**
>
> Neuf milliards en Numéraire et en Bons
> 160 millions d'or
> Trois millions de souscripteurs

Figure 38 : Article d'un journal d'époque sur la souscription 1916 au 2ème emprunt de la Défense nationale.

Il serait tentant de cumuler ces montants aux tonnages d'or collecté par échange contre des billets (voir plus haut). Néanmoins, il s'agit le plus souvent du « même or » !

En effet, la « propagande » du Comité de l'or invitait les Français, une fois réalisé l'échange de leurs pièces d'or contre des billets, à restituer ces billets pour les investir dans les bons et les obligations de la Défense avec un argument de poids : la rémunération attractive de ces placements.

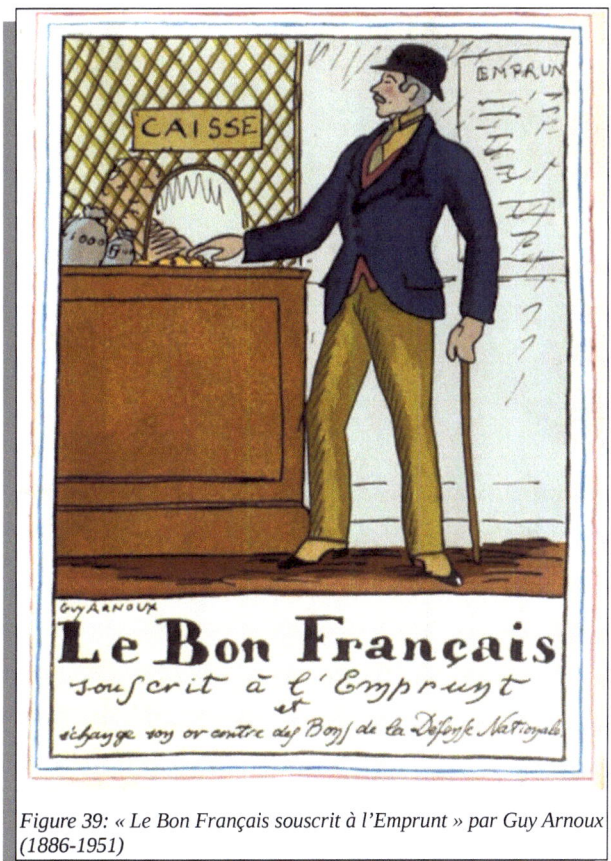

Figure 39: « Le Bon Français souscrit à l'Emprunt » par Guy Arnoux (1886-1951)

En résumé, la collecte de monnaies d'or qui a abouti dans les coffres de la Banque de France englobait les échanges contre des billets réalisés au guichet des agences de la Banque et les dépôts de monnaies d'or pour l'acquisition de bons ou d'obligations de la Défense.

Seules les souscriptions réalisées à l'étranger, réalisées en monnaies locales, échappent à cette remarque. Néanmoins aucun élément n'a été trouvé pour pouvoir quantifier le montant et la nature de ces dernières souscriptions.

De cet épisode guerre, et ses conséquences jusqu'en 1926, il faut retenir que 681 tonnes de monnaies d'or françaises et 19,6 tonnes d'or de marks ont été transférées des Français dans les coffres de la Banque de France dont une part importante pour le compte du Trésor public.

Tableau 16 : Les versements des Français et les emprunts de la France de 1915 à 1926.

	Dates d'émission	Montants souscrits (milliards de F)	Or collecté (t)
Versement d'or contre papier monnaie *	1915 à 1926	2,4	
Bons de la Défense nationale ***	1915-1918	45,7	
Obligations de la Défense nationale ***	1915-1918	5,3	
1er emprunt de la Défense nationale *** et ****	25/11/1915	15,0	700 t
2e emprunt de la Défense nationale *** et ****	5/10/1916	11,0	
3e emprunt de la Défense nationale ***	26/11/1917	14,8	
4e emprunt de la Défense nationale ***	20/10/1918	30,0	
Emprunts extérieurs **	1914-1918	43,6	
TOTAL (milliards de F)		167,8	
TOTAL or collecté			700 t
Dont en monnaies d'or françaises			681 t

<u>Sources</u> :

* « *La Banque de France dans la Grande guerre* » *par Didier Bruneel. p39.*

** « *La Caisse des dépôts et consignations dans la Grande Guerre* » *par Philippe Verheyde.*

*** « *Que savoir des souscripteurs aux valeurs du ministère des Finances ?* » *par André Straus.*

**** *Journal d'époque (datée du 10/11/1916) : « Il est très remarquable qu'après le premier emprunt, la nouvelle souscription ait pu faire sortir des tiroirs l'apport très apprécié de 160 millions d'or et qui porte à 1808 millions les versements d'or faits à la banque de France depuis le début de la guerre. »*

Pour la France les conséquences économiques et financières de cette guerre ont été considérables. Le déficit commercial pour la période 1914-1919 était de 83,2 milliards de francs-or[96]. Sur la période 1914 – 1920 la Banque de France transférera au total 885 tonnes d'or pour honorer les engagements français vis-à-vis de l'étranger.

Tableau 17 : Envois d'or à l'étranger de juillet 1914 à 1920 (tonnes d'or fin).

Période	Pièces de 20 francs	Monnaies étrangères*	Lingots
1914-1920 :	112 t	326 t	447 t

<u>Source</u> : « *La Banque de France dans la Grande guerre* » *par Didier Bruneel (2015) p 57.*
* *Dont 139 tonnes de fin en dollars et 163 tonnes de fin en sterling.*

L'apport en métal jaune des Français permettait de préserver l'encaisse or de la Banque de France malgré l'importante exportation de métal. Au 1er juin 1914, l'encaisse or de la Banque de France représentait en tout et pour tout 1100 tonnes de fin.

Tableau 18 : État détaillé en poids fin de l'encaisse or de la Banque de France.

Situation au 3 juin 1914 (Tonnes de fin)	Monnaies françaises et Union latine	Monnaies étrangères	Lingots
Encaisse or de la BdF (t)	432 t	228 t	438 t

Source : Archives de la Banque de France .

Néanmoins, entre la déclaration de guerre et l'Armistice, l'encaisse or de la Banque devait malgré tout progresser de 60 % :

Tableau 19 : État hebdomadaire de l'encaisse or de la Banque de France de 1915 à 1918.

Année (au 31/12) :	1914*	1915	1916	1917	1918
Encaisse or de la Banque de France (t)	1 100 t	1 474 t	1 475 t	1 553 t	1 590 t

Source : Archives de la Banque de France 10699200401 AR 257.

* Au 3 juin 1914.

Les États-Unis, premiers fournisseurs d'armements de la France et du Royaume-Uni, seront au plan financier les principaux bénéficiaires de cette guerre. Ils afficheront après l'armistice une hausse impressionnante[97] de leur réserve d'or monétaire. La puissance industrielle américaine avait ainsi assis pour longtemps la puissance financière des États-Unis.

À ces exportations d'or s'ajoutent les exactions perpétrées par les occupants sur le sol français. La période l'Occupation en France de 1940 à 1944 est généralement bien connue du public, ne serait-ce qu'au travers des nombreuses œuvres littéraires et cinématographiques. En revanche la cruelle réalité de l'occupation allemande pendant la Première guerre mondiale en Belgique et dans les départements français du Nord et de l'Est est beaucoup moins présente dans la mémoire des Français sauf pour les quelques rares personnes survivantes qui ont vécu cette lointaine et terrible période.

En effet le Nord et l'Est de la France, occupés pendant quatre ans, furent mis en coupe réglée par l'armée allemande qui y faisait régner la terreur économique et physique. Les rafles, les exécutions sommaires, les payements de tribut de guerre, les rançons, les réquisitions en tout genre s'apparentant à un pillage systématique des ressources, les déportations, les vols, les privations subies par la population française de ces régions atteignirent des niveaux paroxysmiques dans le but de saper l'économie et le moral des populations.

Les archives[98] des départements du nord de la France sont éclairantes : « *Au total, dans le nord de la France, 289 000 maisons sont détruites, 422 000 sévèrement endommagées ; 11 000 édifices publics – mairies, écoles, églises… – sont à reconstruire ; trois millions d'hectares de terres arables sont inutilisables.* »

Dans son ouvrage[99] dédié au rôle de la Banque de France dans le premier conflit mondial, Didier Bruneel cite quelques exemples de ces vols et rançons imposés aux villes françaises du nord de l'Hexagone par l'occupant :
- Tourcoing : 5 340 000 francs,
- Roubaix : 2 950 000 francs,
- Douai : 300 000 francs,
- Maubeuge : 420 000 francs volés dans les coffres privés de l'antenne locale de la Banque de France,
- Valenciennes : 1 000 000 de francs.

Les vols et les extorsions ont bien évidemment eu un impact significatif sur le stock de monnaies d'or françaises. René Pupin évalue à au moins 100 tonnes[100] le volume de monnaies d'or disparues dans les poches des troupes d'occupation.

La Deuxième Guerre Mondiale

La perspective d'un nouveau conflit avec l'Allemagne avait été anticipée par la Banque de France dès janvier 1932. Les mesures de sauvegarde des avoirs de la Banque consistaient, dans un premier temps, à éloigner l'or français des frontières de l'est en le transférant dans les principales villes de l'ouest proches d'un port.

Pour faciliter la logistique dans l'éventualité d'une évacuation, la décision fut prise en 1934 de fondre des quantités importantes de monnaies d'or en lingots. Selon Didier Bruneel[101] « *de 1934 à 1940, plus de 77 millions de pièces* [de 20 francs] *seront ainsi transformées en lingots* ».

Malgré la progression foudroyante de l'offensive allemande en juin 1940, la Banque de France parvenait à évacuer avec succès *in extremis* par voie maritime toute son encaisse or grâce à la compétence et au dévouement exceptionnels des équipes de la Banque et de la Défense en charge de l'opération.

Dès leur entrée dans Paris les Allemands créaient une autorité, le *Devisenschutzkommando*[102], spécifiquement en charge de documenter tous les établissements détenant de l'or, des devises, des actions et des obligations, y compris lorsque ces actifs étaient détenus dans des établissements à l'étranger.

Sous la pression du gouvernement de Vichy, la Banque de France remettait à l'occupant l'encaisse or de la Banque de Belgique dont elle avait reçu la garde et qui avait été évacuée avec l'or français en Afrique. À la fin du conflit, la Belgique retrouvera une grande partie de son dépôt. 70 tonnes d'or belge manquant, la Banque de France honora ses engagements en apportant le complément. Elle fut elle-même indemnisée par la suite par le Trésor français.

À la Libération, une autre opération de fonte de monnaies fut réalisée pour rembourser les aides militaires et financières britanniques et américaines apportées à la France Libre. Toujours selon Didier Bruneel, de 1946 à 1948 « *plus de 48 millions de pièces* [de 20 francs] *furent ainsi transformées en barres pour près de 279 tonnes d'or fin.* »

Didier Bruneel résume ainsi l'ensemble des opérations menées concernant l'encaisse or de la Banque pendant cette période mouvementée : « *sur la période 1934-1948, ce sont 223 millions de pièces* [dont 125,5 millions de 20 francs] *qui furent fondues pour un poids d'or fin d'environ 1337 tonnes.* »

Tableau 20 : Bilan des pertes de monnaies d'or entre 1934 et 1948.

Période	Monnaies françaises (nb)	Monnaies étrangères (nb)	Poids de fin (t)
1934-1940 *	77 500 000		450 t
1946-1948 *	47 500 000		276 t
1934-1948 **	13 600 000		80 t
1934-1948 ***	32 400 000		211 t
1934-1948 ****		52 000 000	320 t
TOTAL	**171 000 000**	**52 000 000**	**1 337 t**

* Monnaies françaises de 20 francs or.
Source : PV du Conseil général du 25 octobre 1951 (page 561).
** 100 francs Bazor frappées de 1929 à 1936 à 13 791 091 exemplaires. Ces pièces n'ont jamais été mises en circulation. La Banque en conservera néanmoins 190 000 au moins jusqu'en 1960.
*** Autres monnaies d'or françaises (le tonnage de ces monnaies et le tonnage des monnaies étrangères ont été reconstitués connaissant le total général de monnaies françaises démonétisées).
****Monnaies d'or américaines, allemandes, turques, anglaises, etc.
Source : « Les secrets de l'or » par Didier Bruneel. Pages 106 et 180.

Pour les populations, le même scenario de terreur que celui vécu de 1914 à 1918 se reproduisait mais cette fois étendu à la moitié nord du pays en 1940 puis, à partir de 1942, à la totalité du territoire de la métropole.

L'or spolié qui a pu être retrouvé a été mis sous séquestre auprès de la Banque de France, soit 2783 kilogrammes d'or. Les archives de la Banque révèlent qu'au 17 juin 1958, il restait encore 971 kilogrammes d'or non attribués.

Aucune estimation portant spécifiquement sur les spoliations de l'épargne des Français n'a été trouvée.

Bilan des pertes d'or du fait des conflits

Tableau 21 : Les pertes de monnaies d'or dans les conflits de 1814 à 1948.

Période	Monnaies françaises (t)	Monnaies étrangères (t)	Lingots (t)
1814-1818	?	?	?
1870-1871	291	0	0
1914-1920	112	326	447
1934-1948	994	343	?
TOTAL	**1 397 t**	**669 t**	?

Nota : Le détail des démonétisations officielles par valeur faciale est donné dans l'annexe 10.

Les pièces de 100 francs Bazor ne sont pas comptabilisées ici. Elles n'ont en effet jamais été mises en circulation, hormis quelques rares exemplaires dont on peut d'ailleurs se demander comment ils sont arrivés miraculeusement dans les mains de collectionneurs.

Le recours à l'épargne des Français

Les emprunts russes

1918 a été réellement une *annus horribilis* pour les monnaies d'or françaises. Après avoir subi les affres de la guerre, voici que le débiteur de plus d'un million d'épargnants français faisait défaut.

Ce débiteur n'était autre que l'Empire russe lui-même.

Dès 1888, le tsar Alexandre III faisait appel massivement à l'épargne étrangère pour financer la modernisation de la Russie. En 1894, un traité d'amitié (Alliance franco-russe) était signé entre la France et la Russie pour contrer celui établi en 1882 entre l'Allemagne, l'Italie et l'Autriche-Hongrie (la Triple-Alliance ou Triplice).

Le successeur d'Alexandre III, Nicolas II, renforçait pendant son règne ce rapprochement entre les deux nations ce qui générera un réel enthousiasme des épargnants vis-à-vis des placements en dettes russes, enthousiasme dont la flamme était entretenue avec habileté par le gouvernement français avec la complicité de la presse.

Un quart de l'épargne des Français placée à l'étranger allait ainsi se loger dans les emprunts russes pour financer, entre autres choses, les chemins de fer russes. Le moment venu, on découvrira que les quatre cinquièmes de la dette publique russe avaient trouvé acheteurs à Paris.

Puis survenait la révolution de 1917 et la mise en place en octobre d'un régime bolchevique. Le 8 janvier 1918, ce nouveau gouvernement, en cohérence avec ses engagements politiques, répudiait tous les emprunts émis par l'ancien régime.

La stupéfaction gagnait alors les épargnants français, très nombreux dans la classe moyenne à avoir fait confiance à la Russie pour faire fructifier leur épargne, d'autant que le discours de confiance relayé par la presse hexagonale entière les y poussait naturellement.

Albert Willm le 8 février 1907 à l'Assemblée nationale avait pourtant mis en garde les Français : « *Ceux qui ont prêté de l'argent au gouvernement russe ne reverront jamais leur argent.* »

Le gouvernement français réagissait assez mollement. Dans un premier temps, il organisait en septembre 1918 le recensement de tous les porteurs d'emprunts russes en écartant les porteurs d'origine étrangère. Le 31 décembre 1919, ce recensement dévoilait 1,6 million déclarations de créances individuelles représentant un capital de près de 9 milliards de francs-or[103], soit 25 % de l'ensemble des investissements français réalisés à l'étranger.

Dans un deuxième temps, le gouvernement faisait adopter des dispositions pour que certains bons russes puissent être admis pour la souscription aux obligations de la Défense ; une maigre consolation !

Ces emprunts avaient permis à la Russie de gonfler considérablement ses réserves d'or. Une part importante de celles-ci fut évacuée de la capitale Pétrograd[104] au début de la Grande Guerre.

Dès le début de la guerre civile en 1917, l'amiral Alexandre Koltchak, chef de l'opposition armée blanche anti-bolchevique, a utilisé cette manne pour acheter des armes et des munitions puis, après la défaite des Blancs, pour la réinstallation des migrants russes en Europe.

« *La quantité totale d'or à la disposition de l'amiral a été évaluée à 645,4 millions de roubles. En termes physiques, l'or, composé principalement de pièces de monnaie et de lingots ainsi que d'une petite quantité d'objets en or, pesait environ* **490 tonnes** » affirme l'historien russe Oleg Boudnitski.

En outre, selon l'historien Alexeï Timofeïtchev[105], « *Hormis les roubles d'or impérial russe, il y avait des pièces de 14 autres pays, y compris des marks allemands, des drachmes grecques, des souverains britanniques, des dollars américains, des* **francs français**, *des yens* *japonais et même des condors chiliens.* »

Que sont devenus ces francs qui provenaient, très certainement pour une grande part, des acquisitions de bons d'emprunt dont le nouveau gouvernement reniait le remboursement en 1917 ? Nul ne le sait. Une partie a éventuellement pu revenir en France dans les poches des nombreux Russes blancs qui se sont installés dans l'Hexagone.

En résumé, cet épisode a probablement eu un effet sur le volume de monnaies d'or françaises survivantes mais l'estimation de cet impact est impossible.

Du franc germinal au franc Poincaré

Durant toute la Grande Guerre, le franc a reçu le soutien des Alliés, des États-Unis et du Royaume-Uni principalement, ne perdant que 7 % de sa parité contre le dollar sur toute la période du conflit. Néanmoins, ce soutien s'affaiblissait dès 1919, entraînant l'effondrement du franc passant de 5,61 francs pour un dollar fin 1918 à 49,22 francs pour un dollar en juillet 1926.

En outre, les vœux pieux du Président du Conseil des ministres, André Tardieu, « *L'Allemagne paiera* »[106], ne se réaliseront guère. Le règlement intégral des réparations allemandes n'aura jamais lieu. Sept ans après l'Armistice, la dette de la France tutoyait 500 milliards de francs et le service annuel de cette dette 24 milliards.

La situation économique et monétaire de l'après-guerre devait participer à éroder un peu plus le stock de monnaies d'or des Français en sollicitant encore une fois leur épargne entre 1926 et 1928.

Dans un premier temps, le gouvernement, considérant le succès des appels au patriotisme des Français durant la Grande Guerre, tentait de faire renaître la fibre patriotique des épargnants en lançant une campagne de contribution volontaire.

Le ministre de l'Intérieur Jean Durand précisait aux préfets que la contribution volontaire avait pour but « *de faire appel, en dehors de toute contrainte, à l'esprit de sacrifice et au dévouement patriotique de tous les citoyens* ». L'opération fut un échec. Conscients des difficultés monétaires les Français comprenaient la valeur de leur or.

Figure 40: « Allons ! Relevons la tête ! Ce pays se sauvera une fois de plus lui-même ». Comité national de la contribution volontaire, 1926. Affiche par Jean Droit, Imp. Desfossés. A. D. de Lot-et-Garonne.

Après l'échec de cet appel à l'épargne spontanée des Français, le gouvernement faisait voter la loi du 7 août 1926 autorisant la Banque de France à intervenir sur les marchés pour acquérir des devises et de l'or au-dessus de la valeur nominale des pièces : « *La Banque de France est autorisé à procéder à des achats d'or et d'argent et devises sur le marché* ».[107]

Pour les Français, cette nouvelle disposition apparaissait, *a priori*, comme une aubaine puisque les monnaies en francs germinal pouvaient être reprises non pas à la valeur faciale mais au prix du jour de l'or.

D'août 1926 au 24 juin 1928 la Banque de France achètera aux Français environ 94 tonnes d'or monétaire soit l'équivalent de 35 millions de pièces de 20 francs germinal.

Cette opération permettait de préparer l'encaisse or de la Banque de France à la dévaluation drastique de l'unité monétaire qui devait intervenir le 25 juin 1928 et baptisée, probablement à des fins psychologiques, « **stabilisation de la monnaie** ». Cette dévaluation s'accompagnait de différentes mesures dont la continuation des rachats d'or au guichet de la Banque de France au nouveau pair de la nouvelle unité monétaire soit 1 franc Poincaré pour 65,5 milligrammes d'or au titre de 900 millièmes de fin, soit l'équivalent de 20,31 centimes de franc germinal. À ces conditions, entre le 25 juin et la fin de septembre 1928, la Banque de France achetait 106 tonnes d'or supplémentaires soit l'équivalent de 18 millions de pièces de 20 francs germinal.

Au total, de juin 1926 à mi-janvier 1929, la Banque de France collectait 227 tonnes d'or monétaire[108]. La « stabilisation » du « franc à quatre sous » permettait à la Banque de renforcer son encaisse or. Celle-ci passait de 5,5 milliards de francs germinal à 32 milliards de francs Poincaré, lui assurant ainsi un taux de couverture or de 35 % des billets émis selon les termes définis par la nouvelle loi monétaire.

La confiance dans le franc Poincaré était assurée, le cours du franc ne chutait plus, il était stabilisé. Mais jusqu'à quand ?

Du franc Poincaré au franc du Front populaire

À partir de 1928, les économies occidentales retrouvaient une stabilité monétaire assise sur le principe de l'étalon de change-or. Mais les conséquences de la crise de 1929 entraînaient la déstabilisation de la livre sterling, du reichsmark et du yen en 1931, puis la dévaluation du dollar en 1933.

Avec retard, la France dévaluait à son tour sa monnaie. Le 1er octobre 1936, le franc Poincaré cédait la place au franc Auriol défini dans une fourchette autour d'une moyenne de 0,0441 g de fin.

La nouvelle loi monétaire créait un Fonds de stabilisation des changes (FSC), géré par la Banque de France sous la responsabilité du Trésor public, pour intervenir contre la spéculation excessive sur les marchés de l'or et des devises. En outre, la loi autorisait la Banque à acheter ou vendre de l'or à ce fonds.

La dévaluation était accompagnée de mesures exceptionnelles visant les détenteurs de 200 grammes et plus d'or fin. Elles durcissaient considérablement les conditions d'exercice du commerce de l'or – les négociations d'or étant soumises à l'autorisation de la Banque de France – et de la détention d'or elle-même.

En effet, cette loi introduisait dans son article 10 une obligation de déclaration des avoirs en or : « *Toutes les personnes physiques ou morales domiciliées en France, propriétaires, à la date du 26 septembre 1936, de lingots, de barres ou de monnaies d'or, pourront, jusqu'au 1er novembre 1936, les céder à la Banque de France agissant pour le compte du fonds de stabilisation des changes au prix de 1 franc pour 65,5 milligrammes d'or au titre de 900 millièmes de fin.* »

« *Celles de ces personnes qui n'auront pas usé de cette faculté devront, du 1er au 15 novembre 1936, faire la déclaration des quantités de métal fin contenues dans ces lingots, barres ou monnaies, au contrôleur des contributions directes de leur domicile, que ces lingots, barres ou monnaies soient situés en France ou à l'étranger.* »

En outre, pour ceux qui n'auraient pas rempli ces obligations au 1er novembre, l'article 11 de la loi prévoyait un assujettissement à verser *« au Trésor, à titre de prélèvement exceptionnel, une somme égale à l'augmentation de valeur des quantités d'or fin ayant fait l'objet des déclarations visées à l'article 10, constatée à la suite de l'application des dispositions d'ordre monétaire contenues dans la présente loi. »*

En résumé, si les propriétaires d'or ne s'exécutaient pas, ils devaient verser à l'État le montant de la plus-value réalisée sur le métal jaune en nouvelle monnaie du fait du passage d'un franc à 58,95 mg de fin à un franc dévalué à 44,1 mg de fin.

Inutile de préciser au lecteur que ces dispositions répressives eurent l'effet d'une bombe. Après des années de guerre passées sous la menace allemande, les Français considéraient ces obligations comme une véritable confiscation. Selon Thi Hong Van HOANG[109] *« pendant le troisième trimestre de 1936, 87,5 tonnes d'or sont revendues à la Banque. »* Une récolte bien mince en réalité.

Le 10 mars 1937, une nouvelle loi rendait sa liberté au commerce de l'or et abrogeait les dispositions controversées de la loi du 1er octobre 1936. La Banque de France était autorisée à acheter l'or au prix du marché et un mécanisme d'indemnisation mis en place pour dédommager les personnes ayant versé leur or ou ayant été contraintes de verser le montant de la plus-value au Trésor[110].

Pour faire rentrer l'or dans les caisses de l'État, ce furent les vieilles recettes mises en place pendant la Grande Guerre qui seront reprises. En effet, en parallèle de ces événements, le décret du président Albert Lebrun du 16 décembre 1936 autorisait le gouvernement à émettre un nouvel emprunt au profit de la Défense nationale : *« Émission d'une tranche spéciale d'emprunt de la défense nationale réservée aux détenteurs d'or et aux porteurs de bons ordinaires du Trésor à six mois et à un an d'échéance. »* Ainsi, la souscription se fit par remise d'or aux guichets de la Banque de France au taux d'un franc pour 0,0655 gramme d'or à 900 millièmes soit le taux du franc Poincaré.

Par arrêté du ministre des Finances du 17 décembre, les souscriptions étaient ouvertes du 17 décembre 1936 au 15 janvier 1937 ; néanmoins la période fut étendue jusqu'au 25 février. Les archives de la Banque de France révèlent que cet emprunt a permis de collecter un maigre butin de 19 492,8 kg de fin, principalement en monnaies d'or.

Enfin, par la loi du 1er septembre 1939, l'État prenait le contrôle de tous les marchés dont celui de l'or. Puis, le 3 septembre 1939, la France déclarait la guerre à l'Allemagne.

De la Quatrième à la Cinquième République

À la Libération, la France se retrouvait face à de grands défis financiers et économiques. Si ces défis furent tous relevés, c'est en grande partie grâce au dévouement et à la compétence des employés de la Banque de France qui ont réussi à préserver les réserves d'or de la prédation de l'occupant allemand et, pour être tout à fait complet, des tentations des Alliés.

Malgré la présence de ces réserves importantes, le délabrement de la France nécessitait des mesures et des ressources exceptionnelles pour reconstruire le pays et son économie.

Le gouvernement provisoire ordonnait le recensement des avoirs liquides par les ordonnances du 7 octobre 1944 et des 16 et 17 janvier 1945. Puis légalisait la procédure de réquisition en promulguant la loi du 26 décembre 1945[111].

Les premières réquisitions concerneront les avoirs en devises étrangères[112] selon le décret du 13 février 1946. Le 4 juin 1946, les avoirs en or détenus au Royaume-Uni étaient à leur tour réquisitionnés. Puis ce fut le tour, le 26 juillet 1946, des valeurs mobilières étrangères.

Les dévaluations de la monnaie française se sont succédé sans réel succès. Il faudra attendre 1952 et la mise en place d'une politique déflationniste par Antoine Pinay complétée par un emprunt exonéré d'impôt et de droits de succession et par ailleurs indexé sur le prix de l'or. Le recours à l'emprunt indexé sur l'or sera renouvelé en 1958.

Ces deux emprunts permirent la collecte de monnaies d'or et de lingots d'or représentant un total de **160 tonnes** de fin, dont 53,8 tonnes de monnaies d'or françaises de 20 francs, qui venaient renforcer l'encaisse or de la Banque de France juste avant la création du « nouveau franc » ou franc lourd, ou bien encore franc de Gaulle, le 1er janvier 1960, défini par 180 mg d'or fin.

Tableau 22 : Versements des Français à l'occasion des souscriptions aux emprunts Pinay 3,5 % 1952 et 1958.

Année de souscription	Monnaies or (nombre)	Lingots (nb de 1kg)	Barres (nb de 13,37kg)	TOTAL
1952 *	4 000 000	901	21	24 t
1958 **	5 266 155	91 083	1 029	136 t
TOTAL (nb)	9 266 155	91 984	1 050	---
TOTAL (t)	54	92	13	159 t

Sources: * Didier Bruneel « Les secrets de l'or ».
** Archives Banque de France, voir ci-dessous, donnée des monnaies tirée de « état des principales monnaies d'or disponibles détenues par la caisse générale à la date du 31 décembre 1959. », autres données tirées de Didier Bruneel « Les secrets de l'or » page 96.

```
(1) et (3) - A ces chiffres, il convient d'ajouter
             la totalité des pièces achetées au
             cours de l'Emprunt 1958 et reconnues
             de bonne livraison au 31 décembre 1959
             soit :
             - 2o F françaises :   5.205.226
             - 2o F antérieures :     60.929

(2)- et 1.350.000 pièces qui nous ont été
     livrées par l'Administration des Mon-
     naies depuis le 29 octobre 1959.
```

Figure 41: Inventaire de l'encaisse or au 31 décembre 1959.
Source : Archives Banque de France

Bilan des recours à l'épargne des Français

Le tableau du bilan de ces transferts de l'épargne or des Français fait apparaître autant de cases vides que de questions sans réponses ce qui suggère que les totaux qui sont affichés ne représentent qu'une part de la réalité.

Tableau 23 : Les recours à l'épargne des Français de 1888 à 1958 (hors conflits).

Période	Objet	Monnaies or (t)	Lingots (t)	TOTAL (t)
1888-1917	Emprunts russes			?
1926-1929	Achat par la Banque de France *	227		227
1936-1937	Emprunt du Trésor **	19		19
1936-1937	Réquisition et achat ***			88
1952-1958	Emprunts « Pinay » ****	54	105	159
TOTAL		300 t	105 t	493 t

Sources :
* Archive Banque de France du 11 janvier 1929 et G. Roulleau « Les mouvements des monnaies d'or en France depuis 1926 ». Journal de la société statistique de Paris, tome 69 (1928), p. 330-333.
** Archives Banque de France (loi du 1er octobre 1936).
*** Thi Hong Van HOANG « Le marché parisien de l'or de 1941 à 2009 : histoire et finance » (2010) page 77. Aucune précision sur le type d'or acquis par la Banque.
**** Archives Banque de France et Didier Bruneel « Les secrets de l'or » page 96.

La vraie fausse monnaie

Après avoir dénombré les principaux évènements ayant eu un impact négatif sur la survie des monnaies d'or détenues par les Français, c'est le moment d'aborder un épisode de l'histoire de France, pour le moins rocambolesque, ayant contribué positivement à l'évolution du stock de pièces d'or en France.

Il s'agit de mystérieuses pièces de 20 francs or qui ont suscité l'émoi des professionnels lors de leur mise en circulation et connues sous le nom de « refrappes Pinay », quand bien même celles-ci ne sont pas des refrappes au sens numismatique du terme[113], mais des copies, de surcroît illégales.

Défendre le Franc

Tout commence en 1951. L'économie et la santé financière de la France de l'après-guerre sont en grande difficulté. Le Fonds de stabilisation des changes intervient masqué sur le marché de l'or pour défendre le franc Poincaré. Créé en 1928[114] avec une parité moyenne de 1 dollar US pour 25 francs, après plusieurs dévaluations successives, en 1951 le franc Poincaré tombe à 350 francs pour 1 dollar et en 1957 il s'effondre à 420 francs pour 1 dollar. Depuis la ratification par la France des accords de Bretton Woods en décembre 1945, et la mise en place de l'étalon de change or, la défense du marché de l'or est indissociable du maintien de la parité avec le dollar, unique devise convertible en or à 35 dollars l'once.

En mars 1952, Antoine Pinay, devenu président du Conseil, procède le 29 mai 1952 à l'émission d'un emprunt indexé sur l'or. Il renouvellera l'exercice quelques années plus tard en lançant un nouvel emprunt indexé sur le napoléon, le 11 juin 1958.

Ces deux emprunts ont donc fait naître une préoccupation supplémentaire pour le gouvernement français, celle de maîtriser le niveau des remboursements aux créditeurs de l'État en trouvant les liquidités nécessaires pour le Fonds de stabilisation des changes, organisation dépendant du ministre des Finances mais dont les opérations sont réalisées par la Banque de France, pour que le Fonds puisse intervenir afin de calmer les prix du napoléon sur le marché de l'or de Paris, cette pièce étant la base de référence pour le remboursement des créditeurs.

« Faux monnayeurs » à l'œuvre

La solution a été trouvée dès mai 1951 par le ministre des Finances Maurice Petsche[115]. Il annonçait en effet au gouverneur de la Banque de France, Wilfrid Baumgartner, sa décision de faire frapper des pièces d'or reprenant à l'identique les monnaies démonétisées de 20 francs aux millésimes 1907 à 1914. Il destinait ces nouvelles pièces au Fonds de stabilisation des changes pour ses interventions sur le marché de l'or. En vendant des pièces sur le marché et en achetant simultanément des lingots pour le même poids, le Fonds limitait ainsi les écarts (ou prime) de prix au gramme entre les deux formes d'or. En outre ces interventions, réalisées avec des volumes conséquents, permettaient au Fonds d'orienter le marché à son profit. En résumé, le Fonds manipulait ainsi le marché de l'or.

La valse des gouvernements n'ayant pas permis à Maurice Petsche de voir aboutir son projet, ce fut donc son successeur, René Mayer, qui en septembre 1951 ordonnait directement à l'Administration des Monnaies et Médailles – de nos jours La Monnaie de Paris – de lancer la production de ces copies.

Dans un courrier du 30 octobre 1951[116] adressé au Gouverneur, le ministre retrace succinctement l'historique de « *cette mission régulatrice* » et la justifie par le fait qu'elle « *doit s'efforcer d'éviter les abus possibles de la spéculation* » ce qui « *exige que le Fonds de Stabilisation des Changes dispose notamment d'une masse de manœuvre for-*

mée par des pièces de 20 fr, lesdites pièces ayant toujours constitué l'élément le plus activement traité du marché de l'or ».

S'agissant des réticences émises au sein du Conseil Général de la Banque de France, il les réfute dans son courrier en avançant que « *les frappes récemment entreprises sont destinées à reconstituer cette réserve de pièces qui, ainsi que vous le savez, peuvent être assimilées, depuis la loi monétaire du 25 juin 1928, à des médailles ou plutôt à des lingots dont le poids et la teneur en or demeurent attestés par les empreintes officielles.* »

Fabriquer, sans mandat légal, des pièces utilisant, à l'identique, tous les attributs graphiques des monnaies démonétisées aux millésimes 1907 à 1914 ne semblait pas interpeller le moins du monde le ministre des Finances[117].

Ni d'ailleurs le Gouverneur de la Banque de France qui adressait début 1952 son « Compte rendu des opérations de l'exercice 1951 »[118] au Président de la République dans lequel il mentionnait : « *Pour que le Fonds de Stabilisation des Changes se trouve en mesure d'exercer l'action régulatrice qui lui incombe, il faut qu'il puisse à tout moment renouveler son stock de pièces par cession de lingots à la Banque de France. Celle-ci possédait, à la fin de la guerre, une encaisse considérable en pièces, dont une fraction importante fut, entre-temps, fondue en lingots. En application d'une décision du Ministre des Finances, il a été procédé, en 1951, à la reconversion partielle de ces lingots en pièces de 20 francs.* »

Puis, en 1958, une note[119] destinée au directeur de l'Administration des Monnaies et Médailles, lui-même ancien chef de cabinet du Ministre des Finances Maurice Petsche, révélait l'illégitimité de ces frappes car « *les frappes ont été reprises sur instructions de la Direction du Trésor approuvées par le Ministre. Or un texte législatif doit autoriser les frappes de monnaies.* »

Le même auteur concluait, sur la pertinence de divulguer des informations sur ces frappes dans le Rapport[120] au Ministre des Finances par l'Administration des Monnaies et Médailles que « *Ces différentes considérations rappelées conduisent à proposer que la production de pièces d'or soit passée sous silence dans le rapport qui sera diffusé.* »

Le rapport en question fut néanmoins diffusé mais en passant en effet sous silence la production de ces pièces.

Malgré cette précaution, les règles de la comptabilité ont fait qu'il n'a pas été possible de passer sous silence les écritures[121] relatives aux charges et aux bénéfices réalisés par l'Administration des Monnaies pour la production de ces pièces d'or. Ainsi, alors qu'absolument aucune pièce d'or n'apparaît dans les inventaires des émissions des années 1951 à 1956, dans un souci de respecter les règles de la présentation financière, la Monnaie a néanmoins révélé les profits tirés de ces émissions.

L'origine de ces pièces ayant été révélée, il demeure une seconde interrogation.

Lorsque ces pièces sont apparues dans le public, vendues par le Fonds de stabilisation des changes à la Bourse de Paris, la suspicion des professionnels a été immédiate. Il aura fallu ce fameux communiqué de la Banque de France en janvier 1952 pour rassurer la foule des professionnels et des boursicoteurs.

> "En vertu d'une décision prise par le Ministre des Finances en mai 1951, il a été procédé depuis six mois, à l'Hôtel des Monnaies, à la frappe de pièces d'or de 20 frs démonétisées du type "coq".
>
> La Banque de France possédant à la fin de la guerre une encaisse en pièces considérable dont une large partie a été, à l'époque, fondue en lingots, il a paru opportun de reconvertir en pièces une partie de ces lingots afin de faciliter la mission régulatrice que le Fonds de Stabilisation des Changes exerce sur le marché de l'or."

Figure 42: Communiqué du 30 janvier 1952. (Extrait du PV de la réunion du Conseil Général de la Banque de France du 31 janvier 1952).

En effet, leur apparence a immédiatement troublé et alerté les numismates. La particularité la plus évidente est leur couleur. Alors que les monnaies de 20 francs sont surnommées par les Français « jaunets », ces pièces, trop neuves pour être vraies, et qui empruntent tous les effigies et millésimes à leurs aînées, pourraient être surnommées « rougeaudes ».

Figure 43: À droite 20F Marianne-Coq 1909, à gauche copie réalisée entre 1951 et 1960. Source : Auteur.

Selon certains experts, ces nouvelles pièces, imitant à la perfection les monnaies de 1907 à 1914, auraient été fabriquées avec un taux de cuivre supérieur à celui de leurs modèles ce qui expliquerait cette teinte rougeâtre qui les caractérise.

Cette hypothèse a été rejetée en 2014[122] après qu'une analyse chimique spectrométrique réalisée avec le concours de la société TAL Instruments révélait que la part du cuivre était sensiblement la même dans les deux types de pièces. Mais là où les jaunets bénéficient en moyenne de 903 millièmes d'or et de 97 millièmes de cuivre, l'analyse démontrait que les copies ont été réalisées avec tout juste 900 millièmes d'or, 96 millièmes de cuivre et – nouveauté – 3,5 millièmes d'argent[123]. Cette coloration rougeâtre est donc le résultat de cette composition inattendue.

Cette conclusion de 2014 est aujourd'hui confortée par un document découvert dans les archives de la Banque de France[124] à l'été 2023. Dans ce document, la Banque précise le poids d'or fin par pièce copiant les monnaies de la période 1907-1914. Celui-ci ne correspond absolument pas au titre officiel fixé par la loi définissant le franc de 1803 dans laquelle 1 franc germinal vaut 9/31 gramme d'or fin soit 0,290322581 g. C'est-à-dire qu'une pièce de 20 francs était émise au poids de 5,8065 g d'or fin (précisément 9/31 × 20) alors qu'ici les copies étaient demandées par la Banque de France au poids de 5,789 g de fin par pièce.

Le titre d'or pour ces frappes n'est donc pas de 900 millièmes mais de 897,3 millièmes.

```
FRAPPE DE NOUVELLES PIECES D'OR DE 20 FRANCS (1 pièce = 5gr,789)

1ère tranche          3.101.500 Pièces        17.955 kg or fin

2ème tranche
    Année 1952        2.435.000 Pièces        14.096 Kg or fin
      "   1953        6.608.000    "          38.254  "   "  "
      "   1954        6.460.000    "          37.397  "   "  "
      "   1955        6.610.000    "          38.265  "   "  "
      "   1956        8.330.000    "          48.222  "   "  "
                     30.443.000    "         176.234  "   "  "
```

Figure 44: Frappe de nouvelles pièces d'or de 20 francs.
Source : « Mouvements de l'or en 1956 » dans archives de la Banque de France.

Cette information conforte les résultats obtenus par l'analyse chimique, confirmant que les copies ne sont pas identiques aux monnaies démonétisées en 1928 et explique l'origine de la nuance de couleur évoquée plus haut.

De nouvelles pièces en or dans l'épargne des Français

Ordonnée en septembre 1951 par le ministre Mayer, la frappe de ces pièces a commencé le 4 octobre 1951 et s'est prolongée chaque année jusqu'en 1960, exception faite de l'année 1958.

Au total, 37,5 millions de pièces seront remises au Fonds de stabilisation des changes pour un poids total de 217 tonnes d'or fin. La diminution du titre des pièces par rapport aux monnaies d'origine, représente une **« économie » de 654,15 kg d'or** fin pour le Fonds, mais aussi une **tromperie du même poids**[125] pour les opérateurs qui les ont acceptées en toute confiance pour un titre à 900 millièmes.

Tableau 47 : Production de copies de pièces démonétisées de 20 francs Marianne-Coq.

Année	Nombre de pièces	Poids* de fin (tonnes)	Source
1951	2 134 000	12,35	Monnaie de Paris (archives SAEF)
1952	3 446 500	19,95	
1953	6 602 000	38,22	
1954	6 555 000	37,95	
1955	6 553 000	37,94	
1956	8 447 000	48,90	
1957	1 322 000	7,65	
1958	0	0,00	
1959	1 350 000	7,82	Archives Banque de France **
1960	1 074 000	6,22	
TOTAL	**37 483 500**	**216,99**	Didier Bruneel ***

* 1 pièce = 5,789 g d'or fin au lieu de 5,8064516134 g. Source : Archives de la Banque de France.
** Caisse Générale – CJ/ML – État des principales monnaies d'or disponibles détenues par la Caisse générale à la date du 31 décembre 1959 (soir). Encaisses et Fonds de Stabilisation des Changes. Source : Archives de la Banque de France.
*** Didier Bruneel : 2 424 000 pièces frappées dans la période 1959-1960 (« Les secrets de l'or » 2011).

Nous avons donc aujourd'hui des certitudes sur l'origine de ces pièces étranges et sur ce qui les différencie de leurs modèles. Plusieurs témoignages apportent la preuve que la frappe de ces pièces est totalement illégale et que les protagonistes étaient tous au courant.

Que ce soit le Président de la République, le Ministre des Finances, le Gouverneur et le Conseil Général de la Banque de France ou bien encore l'organisme qui a exécuté le travail de frappe, l'Administration des Monnaies et Médailles. Tous ont eu l'information et ont néanmoins participé à « *la frappe de pièces d'or de 20 frs démonétisées du type coq* » et, en dépit d'une recommandation très explicite sur le caractère illégal de ces productions faite au directeur de l'Administration des Monnaies, la forfaiture[126] a été réitérée en 1959 et en 1960.

Le lecteur réalise certainement qu'arriver à écrire dans la même phrase de ce communiqué de 1952 de la Banque de France qu'une monnaie a été démonétisée et qu'elle serait frappée à nouveau est une grande première dans l'histoire monétaire.

Ces pièces ne sont ni des monnaies, ni des monnaies démonétisées, ce ne sont pas des refrappes de monnaies, à l'instar par exemple des refrappes de monnaies de 20 francs au millésime 1914 réalisées en 1921. Elles sont différentes des modèles et identifiables.

Ainsi que les ont baptisées les différents protagonistes de l'époque – Gouverneur de la Banque de France, Administration des Monnaies et Ministre des Finances – ces pièces sont des jetons ou des médailles[127], au choix, mais du fait de la dissimulation de l'information et de l'ignorance ayant régné pendant tout ce temps sur cette forfaiture, les Français les ont considérés, à tort, au même titre de fin que leurs modèles.

L'Or des Français

Partie III

L'heure des comptes

Conclusion

Postface

L'heure des comptes

La réponse à la question « *combien reste-t-il aujourd'hui potentiellement de monnaies d'or dans les mains des Français ?* » est d'apparence simple. Mais, à la lecture de ce qui précède, le lecteur est d'ores et déjà convaincu que cette apparence est trompeuse.

Comme il a déjà été noté, l'année 1914 marque une rupture importante dans la relation entre les Français et les monnaies d'or. Bien que la monnaie fiduciaire soit devenue de plus en plus utilisée depuis la deuxième moitié du XIXe siècle, les monnaies d'or sont restées des moyens de payement usités jusqu'à la déclaration de guerre d'août 1914. Depuis cette date, la monnaie d'or est devenue essentiellement un produit de thésaurisation. Cette rupture implique de prendre en compte différemment le dénombrement des monnaies dans ces deux périodes.

Dès lors, le premier objectif sera de déterminer la situation des stocks de monnaies d'or avant août 1914 avec le plus d'exactitude possible.

Plusieurs auteurs se sont déjà attaqués sérieusement à obtenir cette réponse. Utiliser l'expérience de nos aînés est toujours enrichissant. C'est donc la première démarche qui sera prise. Quatre de ceux-ci ont produit des estimations à des dates proches de 1914. Elles seront examinées et commentées dans un premier temps puis les résultats projetés jusqu'à 1914.

La deuxième étape de la démarche sera, partant des résultats obtenus pour 1914, de réaliser une projection jusqu'à 2024 en essayant de trouver un ou plusieurs jalons intermédiaires pour minimiser l'approximation sur cette période de 110 ans.

Le cycle de vie des monnaies a été superbement résumé en 1891 par l'éminent Alfred de Foville[128] dans ces deux phrases :

> *« Les monnaies, comme les hommes, naissent, vivent et meurent, Et pendant leur vie, elles font comme nous; elles travaillent plus ou moins et elles s'usent plus ou moins. Comme nous aussi, elles circulent, elles voyagent, elles s'expatrient parfois; et parmi celles qui émigrent ainsi, il y en a qui reviennent au pays natal; il en est d'autres qui ne rentrent jamais. »*
>
> Alfred de Foville devant l'Institut international à Vienne en 1891.

Dans les pages précédentes, tous ces instants de la vie des monnaies d'or françaises ont été examinés. Certains nous ont livrés des informations précises, d'autres des indications très floues et enfin les derniers nous laissent dans une ignorance totale.

Néanmoins il se dégage de ce parcours quelques axes de recherche qu'il faut maintenant suivre pour apprécier le volume de monnaies d'or françaises susceptibles d'exister encore aujourd'hui.

Le premier est propre aux monnaies elles-mêmes. Ainsi que les chapitres précédents l'ont mis en évidence, la vie des monnaies est faite de périodes pendant lesquelles leur existence s'écoule sans heurt significatif mais subit le frai qui ronge silencieusement le métal et le volume de monnaies, mais aussi de brusques chaos qui provoquent de véritables purges dans le stock de monnaies.

Combien de monnaies ont été frappées ? Combien de pièces ont survécu au frai et à la refonte ? Combien ont été perdues ?

Les réponses ne sont pas toutes d'un haut niveau de fiabilité. Si le nombre de frappes réalisées peut être considéré comme très fiable[129], il n'en est pas de même pour les pertes ainsi que les pages précédentes ont permis de le montrer.

Seuls les évènements connus et documentés peuvent être objectivement retenus. L'exhaustivité de ceux-ci est très loin d'être établie. S'agissant des refontes, seules celles documentées[130], c'est-à-dire réalisées par l'État, peuvent être prises en compte. Néanmoins, comme déjà évoqué, les refontes réalisées en dehors de la sphère officielle ont été nombreuses mais leur ampleur indiscernable. Considérant ces limitations, le chiffre final de monnaies survivantes ainsi obtenu sera inévitablement optimiste.

Le second axe de recherche s'intéressera aux flux d'échange. Les monnaies, par nature, s'échangent. Ces flux incessants complexifient le sujet. Cette dynamique des échanges rend difficile le dénombrement global. Idéalement, seul un « instantané » des stocks de monnaies d'or détenus à un instant donné par les différents acteurs – public français, Banque de France, établissements de crédit, banques centrales et public étrangers – serait en mesure de permettre d'évaluer avec une certaine fiabilité le volume global disponible. Cette démarche idéale telle que décrite relève évidemment de l'utopie. En revanche, en limitant l'instantané aux stocks de monnaies d'or détenus par la Banque de France et le public français, nous devrions couvrir au moins 95 à 98 % de la réponse, si ce n'est plus.

Recherche d'une estimation pour 1914

De Foville – 1909

Cette approche par « instantané » a été mise en œuvre partiellement dans cet esprit pour la première fois en 1868. Puis reprise de façon un peu plus complète en 1878 par Léon Say et en 1885, 1891, 1897, 1903 et 1909[131] par Alfred de Foville dans ses différentes fonctions dont celle de directeur de l'Administration des Monnaies et Médailles de 1893 à 1900.

La réalisation d'enquêtes monétaires de cette ampleur était une première en France, sinon dans le monde. Elles devaient déboucher sur une meilleure compréhension de la composition de la monnaie en circulation, de sa répartition sur le territoire et de son état physique réel.

La démarche commence par un recensement des caisses de tous les organismes étatiques, y compris celles de la Banque de France, et de tous les établissements bancaires, à un instant donné ; ce qui représentera selon les années de 20 000 à 32 000 caisses[132].

Pour cet événement exceptionnel, les caissiers sont tenus de noter les montants qu'ils détiennent pour chaque type de monnaies (monnaies d'or françaises, monnaies de l'Union Latine et monnaies étrangères, par pays), pour chaque valeur faciale et pour chaque année d'émission.

Le traitement de toutes ces informations a permis dans un premier temps de dresser une cartographie de la circulation monétaire en France et d'apprécier l'importance de la masse monétaire en espèces métalliques, en volume de monnaies étrangères et en montant de monnaie fiduciaire, circulant dans le pays, puis, dans un autre temps, d'évaluer statistiquement le taux de survivance des différentes monnaies d'or et d'argent, voire de billon, et d'en déduire une estimation du volume de monnaies métalliques supposées encore exister à la date du recensement.

Tableau 25 : Monnaies d'or françaises et étrangères en circulation évaluées par recensement monétaire national auprès de tous les trésoriers-payeurs généraux, receveurs particuliers, percepteurs et comptables des diverses régies financière (dont encaisse or de la Banque de France).

Année de l'enquête	Monnaies OR françaises et étrangères		dont monnaies étrangères	
	Millions de francs	Tonnes de fin	Millions de francs	Tonnes de fin
1878	5 000	1 452 t	740	215 t
1885	4 600	1 335 t	532	154 t
1891	4 000	1 161 t	513	149 t
1897	4 200	1 219 t	525	152 t
1903	4 800	1 394 t	600	174 t
1909	6 000	1 742 t	620	180 t

Source : Alfred de Foville « La Monnaie » (1907), « Journal de la société statistique de Paris » (1879, 1886), « L'Économiste Français » (1891, 1898, 1904, 1910).

Alfred de Foville résume ainsi la démarche retenue et les principes qui l'ont conduite :

> *« Parmi les tableaux numériques et graphiques où vient se résumer chacun de nos recensements monétaires, il en est de particulièrement curieux et instructifs, pour qui sait*

> *bien les lire et les interpréter. Ce sont ceux qui, soit pour les pièces d'or, soit pour les écus, montrent comment varie, d'un millésime à l'autre, le rapport entre le nombre des pièces frappées et celui des pièces en circulation. Par la force des choses, les monnaies se font de plus en plus rares, proportionnellement, à mesure qu'elles vieillissent; et il y a là une base réellement scientifique, sinon tout à fait sûre, pour arriver à une évaluation de notre stock monétaire total. On peut admettre que les émissions d'or les plus récentes, si la Banque de France ne les tient pas prisonnières dans ses caves, et si elles n'ont pas été tout de suite exportées, doivent se retrouver presque au complet dans la circulation; et, cela posé, la courbe R/F (R représentant pour chaque millésime le nombre des pièces recensées et F le nombre des pièces frappées) nous dira quelles ont été les pertes comparatives subies par les frappes successives du premier Empire, de la Restauration, de la Monarchie de Juillet, de la République de 1848, du second Empire, de la troisième République. Il y a là à faire, à vrai dire, tout un travail de corrections préalables, qui demandes mains exercées et laisse finalement peser quelque incertitude encore sur les résultats obtenus. »[133]*

De FOVILLE dans L'Économiste Français (page 200 de l'édition du 6 août 1910).

Si une partie de son travail d'évaluation s'appuie en effet sur des éléments réellement scientifiques, il avoue lui-même qu'une autre partie de celui-ci relève d'une certaine dose de subjectivité, mais sans en préciser réellement la nature.

Plusieurs auteurs ont étudié et livré des commentaires détaillés sur cet ambitieux travail. La mesure de l'ampleur de la tâche doit se faire en ayant conscience des outils de traitement des données dont disposaient les statisticiens à cette époque. Il leur faudra en effet attendre 1979 pour que Dan Bricklin et Robert Frankeston créent le premier logiciel tableur, VisiCalc.

L'Or des Français

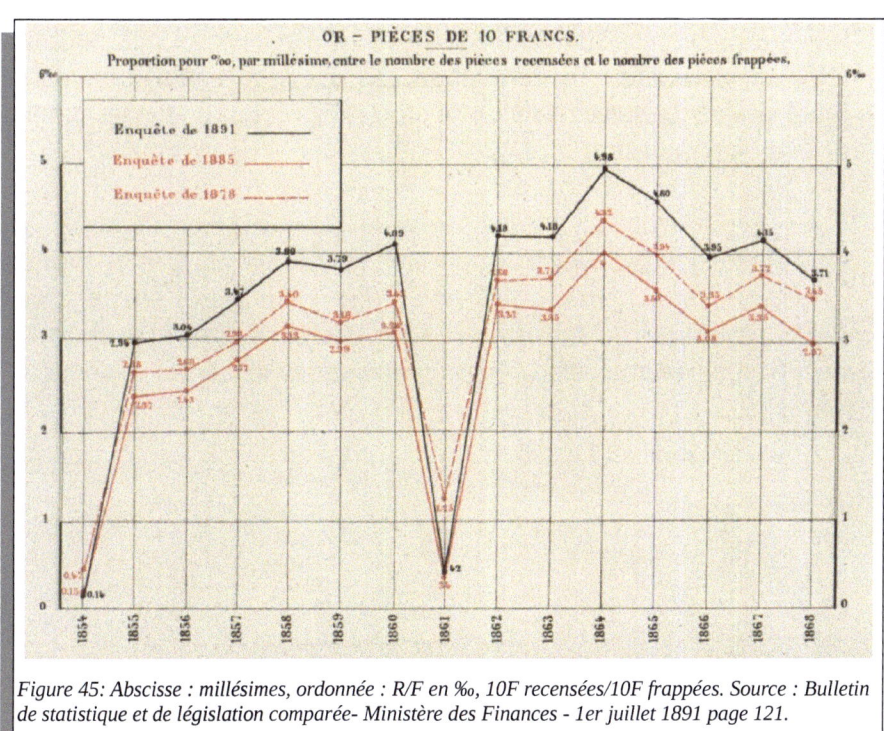

Figure 45: Abscisse : millésimes, ordonnée : R/F en ‰, 10F recensées/10F frappées. Source : Bulletin de statistique et de législation comparée- Ministère des Finances - 1er juillet 1891 page 121.

D'une façon générale les principales critiques émises sur cette démarche portent sur la fiabilité douteuse des statistiques douanières concernant les importations et les exportations de monnaies, sur des imprécisions sur les réserves or de la Banque de France (monnaies retenues en réserve hors encaisse or) et surtout sur des anomalies flagrantes et inexpliquées d'une enquête à une autre sur plusieurs millésimes (voir illustration ci-dessus).

René Pupin – 1917

En 1917, René Pupin[134] commentait les travaux de Foville. Il mettait en évidence des incohérences dans les données de l'enquête de 1909 pour des millésimes proches les uns des autres et qui statistiquement devraient se retrouver en même proportion dans l'étude. Il propose deux explications. La première serait que la Banque de France retiendrait certains millésimes dans ses coffres ce qui déséquilibrerait leur présence dans la circulation. La seconde explication possible pourrait être la conséquence d'exportations importantes de monnaies d'un même millésime.

Enfin Pupin avoue sa perplexité sur la validité même de la démarche du fait du développement important de l'usage du papier monnaie : « *Veut-on une preuve, peut-être plus manifeste encore, de la thésaurisation et de ses progrès ? On la trouve dans la proportion de métal jaune relevée aux différentes époques où furent ordonnées les enquêtes.* »

> Pour 1.000 francs de billets, écus et monnaies d'or, on trouve dans les caisses publiques :
>
> En 1885 . . . . 224ᶠ 40 d'or ·
> En 1891 . . . . 135 70 —
> En 1897 . . . . 112 70 —
> En 1908 . . . .   93 20 —
>
> *Figure 46: Proportion de monnaies d'or pour 1000 francs de billets, écus et monnaies d'or dans les enquêtes monétaires. Extrait de « La circulation et la thésaurisation des monnaies d'or en France » Journal de la société statistique de Paris, tome 58 (Pupin 1917) page 317.*

Ceci suggérerait, selon Pupin, que le public thésauriserait l'or de plus en plus et se délesterait de la « mauvaise monnaie » pour ses payements. Dès lors, il met en cause la base scientifique de ces enquêtes : « Cela, *nous ne le croyons guère ; attendu que les recensements monétaires nous paraissent tout à fait incapables d'étendre leur contrôle à cet autre élément très important qu'est la thésaurisation.* »

Dès lors, Pupin propose un modèle d'évaluation statistique des monnaies survivantes basé sur les notions de *natalité,* d'une part, pour les frappes de monnaies, et de *mortalité*, d'autre part, pour les diverses pertes de monnaies. Pour ce calcul, il retient un taux annuel de perte de monnaies de 0,5 %, que lui-même estime excessif mais qui prend en compte, selon lui toujours, les exportations de monnaies. Cependant le calcul de l'attrition est pour le moins étrange.

Le lecteur qui n'est pas familier avec les mathématiques sera sans doute plus sensible à une analogie.

En effet, la méthode du taux de perte est la même que celle des intérêts composés permettant d'évaluer le montant final d'un placement initial rémunéré à un taux fixe et dont les intérêts acquis sont cumulés chaque année au capital :

« *Un capital est placé à intérêts composés lorsque les intérêts de chaque période sont incorporés au capital pour l'augmenter progressivement et porter intérêts à leur tour.* »[135]

Albert Einstein aurait dit, du moins on lui prête ce propos, que « *les intérêts composés sont la huitième merveille du monde. Celui qui les comprend, s'enrichit ; celui qui ne les comprend pas, les paie* ».

Ainsi, un capital initial C rémunéré à I % pendant 10 ans se transforme après :

- la première année en C x (1+I), soit C plus les intérêts (I x C) sur la période,
- la seconde année en C x (1+I) x (1+I)= C x $(1+I)^2$
- la troisième année en C x (1+I) x (1+I) x (1+I) = C x $(1+I)^3$
- … etc.

À l'échéance des 10 années, ce capital C se transformera, pour la plus grande satisfaction de l'épargnant, en **C x $(1+I)^{10}$**.

La méthode taux de perte ici adopte la même démarche en remplaçant le capital par le montant de monnaies frappées et le taux d'intérêt par le taux de perte, lequel sera alors négatif et non pas positif comme le taux d'intérêt d'un capital rémunéré.

Ainsi, si une quantité N de monnaies d'or d'un millésime donné subit un taux d'attrition de 0,5 % chaque année, après « y » années il ne restera que **N x $(1-0,5\%)^y$** de ces monnaies.

L'estimation de René Pupin calculée sur la base d'un **taux d'attrition linéaire** appliqué à la moyenne d'un groupe de millésimes (voir la figure qui suit) majore donc le résultat final par rapport à la réalité[136].

Natalité et mortalité des monnaies d'or françaises de 1795 à fin 1914.
(Mortalité calculée sur la base de 1/2 % par an.)

TABLEAU B

Dates des émissions	Montant (Millions)	Nombre moyen d'années	Perte sur l'émission %	Perte sur l'émission Millions
1795-1814	528	110	55	290
1814-1824	390	95	48	177
1824-1830	53	87	43	23
1830-1848	216	75	37	80
1848-1851	427	64	32	136
1851-1870	6.152	54	27	1.661
1870-1905	2.398	27	13	304
1905-1914	1.975	4,5	2	40
1795-1914	12.139			2.711

NOTA. — Nous avons calculé la durée sur la date du milieu de chaque règne ou période, sans établir un nombre approprié à chaque millésime. D'une façon ou de l'autre, les deux résultats seraient sensiblement les mêmes.

Figure 47 : Natalité et mortalité des monnaies d'or françaises de 1795 à fin 1914.
Source : Tiré de René Pupin (1917) page 323.

Les estimations pour 1914 du stock de monnaies françaises survivantes données par Pupin selon les deux approches – l'approche tirée des enquêtes de Foville et l'approche *natalité-mortalité* – sont résumées dans ce tableau.

Tableau 26 : Or monétaire* français et étranger survivant (public et Banque de France) en 1914 selon Pupin.

	Estimation à partir de Foville 1903	Modèle natalité-mortalité*
1914	7 370 millions de F	9 428 millions de F
	2 140 t	2 737 t

** Pupin ne retenant que des frappes de monnaies françaises pour son calcul, le résultat **n'inclut donc pas** de monnaies étrangères. En 1909, selon Foville, les monnaies françaises représentaient 90 % des monnaies recensées. Avec cette proportion l'évaluation de Pupin serait de 3041 tonnes de fin de monnaies étrangères et françaises en France.*

Jules Denuc – 1932

Jules Denuc[137] publiait à son tour sur les travaux de Foville en 1932. Il reprend sur ceux-ci à peu près les mêmes critiques que Pupin. S'agissant des résultats des enquêtes de Foville, Denuc y inclut le soldes mouvements de monnaies d'or selon les statistiques douanières de 1870 à 1913. Par ailleurs, s'inspirant de Pupin, il retient son modèle *natalité-mortalité*, malheureusement avec la même approche que son prédécesseur, soit le même calcul approximatif.

Tableau 27 : Or monétaire survivant (public et Banque de France) en 1914 selon Denuc (1932)

Année	Estimation à partir de Foville 1909	Modèle natalité-mortalité*
1913	7 779 millions de F	9 141 millions de F
	2 258 t	2 654 t
1914**	7 940 millions de F	9 302 millions de F
	2 305 t	2 701 t

* *Denuc ne retenant que des frappes de monnaies françaises pour son calcul, le résultat n'inclut donc pas de monnaies étrangères. En 1909, selon Foville, les monnaies françaises représentaient 90 % des monnaies recensées. Avec cette proportion l'évaluation de Denuc serait de 3001 tonnes en 1914 de monnaies étrangères et françaises en France.*
** *Les données 1914 sont obtenues par simple ajout des frappes de cette année soit un montant de monnaies d'or de 160,77 millions de francs.*

Réaliser ce calcul du taux de perte pour chaque millésime à la main est un véritable travail de bénédictin. C'est ce qui explique qu'en 1917 et 1932, Pupin et Denuc aient pris quelques raccourcis pour réaliser ces calculs.

Contrairement à nos aînés, cette méthode est aujourd'hui très simple à mettre en œuvre grâce aux outils informatiques qui leur faisaient alors défaut. En effet l'utilisation d'un logiciel-tableur (le logiciel gratuit LibreOffice Calc par exemple) permet de calculer, selon une hypothèse donnée de survivance, pour chaque type de pièces et pour chaque millésime, la quantité de monnaies d'or survivantes chaque année sur 221 ans.

Pierre Sicsic – 1989

En 1989, Pierre Sicsic[138] publiait un commentaire très complet sur les travaux de ses trois prédécesseurs.

Il s'y attache en particulier à corriger le calcul par la méthode des taux de perte ou *natalité-mortalité* de Pupin et Denuc pour estimer le stock métallique de monnaies survivantes aux différentes dates d'enquête selon la formule exacte décrite plus haut.

Par ailleurs il introduit une particularité par rapport à l'hypothèse posée par Pupin en incluant les démonétisations dans les pertes : « *Notre hypothèse fondamentale est que la disparition des pièces françaises par refonte, perte ou exportation, aboutit au même résultat qu'une disparition régulière des pièces d'un type donné.* »

Partant des taux de survivance calculés par de Foville pour les pièces de 20 et 10 francs, il les complète pour les autres pièces en or par un taux arbitraire de survivance de 99,5 %.

Tableau 28 : Taux de survivance retenus par Pierre Sicsic.

Taux en %	1878	1885	1891	1897	1903	1909
20F or	98,7	98,9	99,0	98,4	98,1	98,9
10 F or	97,1	97,1	97,1	99,1	99,4	98,7
Autres or*	99,5	99,5	99,5	99,5	99,5	99,5

* Pièces de 100, 50, 40 et 5 francs : taux de 99,5 % retenu par P. Sisic.

L'estimation de Pierre Sicsic étant faite pour les dates des enquêtes de 1878 à 1909, le résultat de 1909 doit être étendue à la période 1910 à 1914. Ce calcul nécessite non seulement d'actualiser jusqu'en 1914 les stocks de monnaies survivantes calculées par Sisic pour 1909 mais aussi d'y ajouter le calcul des monnaies survivantes pour les nouvelles frappes réalisées de 1910 à 1914. Pour ces estimations, les mêmes taux de survivance que ceux utilisés pour 1909 sont retenus. Le résultat obtenu est le suivant :

Tableau 29 : Montant de monnaies d'or françaises disponibles en 1914 à partir des résultats 1909 de Pierre Sicsic.

Monnaies (millions de F)	1909	1914**
20 F or	6 203	6 656
10 F or	695	737
Autres or*	415	414
TOTAL	7 313	7 807

* Pièces de 100, 50, 40 et 5 francs : taux de 99,5 % retenu par P. Sisic.
** Projection jusqu'en 1914 des données calculées par P. Sisic avec les taux de perte retenus pour l'estimation en 1909.

Tableau 30 : Or monétaire survivant (public et Banque de France) en 1914 selon Sicsic (1989)

An	Estimation Denuc à partir de Foville 1909	Modèle natalité-mortalité*
1909		7 313 millions de F
		2 123 t
1914*	7 940 millions de F	7 807 millions de F
	2 305 t	**2 267 t**

* Sicsic ne retenant que les frappes de monnaies françaises pour son calcul, le résultat n'inclut donc pas de monnaies étrangères. En 1909, selon Foville, les monnaies françaises représentaient 90 % des monnaies recensées. Avec cette proportion l'évaluation de Sicsic serait de 2519 tonnes en 1914 de monnaies étrangères et françaises en France. Le détail des résultats du calcul est donné en annexe 8.

Sans surprise le résultat obtenu par Pierre Sicsic selon la méthode natalité-mortalité est en dessous de ceux de ses deux prédécesseurs. Ceci s'explique par l'utilisation d'une méthode calcul des pertes beaucoup plus proche de la réalité.

Il ne semble donc pas pertinent de considérer les données de Pupin et Denuc obtenues par leur méthode du taux de perte. Ainsi que le montre le tableau ci-dessous, leur prise en compte introduirait un biais vers une forte hausse du résultat.

Tableau 31 : Synthèse des estimations de monnaies d'or survivantes en 1914 (tonnes).

Sources	À partir de Foville 1909	Modèle natalité-mortalité*
Pupin (1917)	2 140 t	2 737 t
Denuc (1932)	2 305 t	2 701 t
Sicsic (1989)	Idem Denuc	2 267 t
Moyennes de ces estimations	2 222 t	2 568 t
Moyennes incluant 10 % de monnaies étrangères	**2 222 t**	**2 853 t**

* Sicsic ne retenant que les frappes de monnaies françaises pour son calcul, le résultat n'inclut donc pas de monnaies étrangères. En 1909, selon Foville, les monnaies françaises représentaient 90 % des monnaies recensées.

À ce stade, quel montant retenir ?

En écartant les deux premiers résultats, du fait de la méthode de calcul approximative employée, les deux estimations réalisées par Sicsic, selon deux approches différentes, restent en lice.

Tableau 32 : Synthèse des estimations acceptables de monnaies d'or survivantes en 1914 (tonnes)

Sources	À partir de Foville 1909	Modèle natalité-mortalité*
Pupin (1917)	2 140 t	Résultat rejeté
Denuc (1932)	2 305 t	Résultat rejeté
Sicsic (1989)	Idem Denuc	2 267 t
Moyennes des estimations	2 222 t	2 267 t
Moyennes avec 10 % de monnaies étrangères	**2 222 t**	**2 519 t**

* Sicsic ne retenant que les frappes de monnaies françaises pour son calcul, le résultat n'inclut donc pas de monnaies étrangères.

Le résultat le plus favorable en termes de monnaies survivantes sera retenu pour la suite, soit **2519 tonnes** de monnaies d'or possiblement survivantes en 1914 dont **2267 tonnes de monnaies d'or françaises**.

Dès lors, connaissant la situation de l'encaisse or de la Banque de France au 3 juin 1914[139], la répartition de ce résultat entre la Banque et le public est supposée être la suivante :

Tableau 33 : Estimation des stocks de monnaies d'or françaises et étrangères au 3 juin 1914.

1914	Monnaies françaises	Monnaies étrangères	Total
Banque de France*	431 t	228 t	**659 t**
Public	1 836 t	24 t	**1 860 t**
Total	2 267 t	252 t	**2 519 t**

* Source : archives Banque de France. État comparatif au 3 juin 1914 en poids de fin de l'encaisse or & argent, Paris & Succursales.

L'hypothèse retenue ici, reprise des observations faites par de Foville, est que le stock de monnaies d'or en France était composé d'environ 10 % de monnaies étrangères. Connaissant le détail de l'encaisse or de la Banque, il est donc facile de déterminer la proportion de monnaies étrangères dans le stock de monnaies d'or détenu par le seul public, soit ici 1,3 %.

Enfin, on notera que **la perte** de monnaies d'or françaises **représente 35,7 %** du volume frappé de 1803 à 1914.

Estimation du maximum pour 1960

Après avoir arrêté une estimation pour 1914, cette deuxième étape est destinée à rechercher une estimation pour 1960. Le choix de 1960 est justifié par le fait qu'une archive de la Banque de France révèle le détail de l'encaisse or de la Banque au 31 décembre 1959, ce qui devrait permettre de déterminer la part de monnaies d'or détenue par le public.

Maximum possible à partir des pertes connues

Pour approcher cette estimation du stock de monnaies d'or susceptibles d'être encore présentes, réalisons un calcul simple pour obtenir un ordre de grandeur représentant, avec un bon niveau de fiabilité, le volume de monnaies d'or maximum pouvant exister encore aujourd'hui sans tenir compte des pertes mal documentées, des exportations non officielles ou des transferts entre le public et le Trésor, ou le Fonds de stabilisation des changes, ou bien encore avec la Banque de France.

Le chiffre le plus fiable est celui des frappes réalisées suivi par les volumes des démonétisations et des exportations officielles. Ces trois chiffres sont bien documentés. Ils sont donnés dans les rapports au ministre des Finances par le directeur de l'Administration des Monnaies et Médailles.

Les rapports de 1907 et de 1926-1927 fournissent toutes les informations nécessaires sur les frappes et les démonétisations jusqu'en 1927. Les démonétisations réalisées de 1934 à 1948 sont mentionnées dans les procès verbaux des réunions du Conseil général de la Banque de France[140].

Le montant de monnaies d'or françaises exportées vers l'Allemagne en 1871 est documenté dans le rapport de Léon Say et les exportations de monnaies vers les États-Unis le sont dans les ouvrages de Didier Bruneel.

Enfin les informations sur les fabrications de jetons, réalisées entre 1951 et 1960, sont documentées dans le chapitre qui leur est dédié ici.

Tous ces éléments fiables permettent dès lors d'établir un bilan à la date de la dernière production d'une pièce d'or en France, soit en 1960 :

Tableau 34 : Montant **maximum** du stock de monnaies françaises survivantes en 1960 (hors autres pertes non prises en compte).

| Monnaies françaises | Cumuls en tonnes d'or | | | Variations entre |
Évènements	1871	1914	1960	1914 et 1960
Frappes de monnaies 1803-1921	2 269 t	3 525 t	3 526 t	1 t
Commercialisation de jetons 1951-1960			217 t	217 t
Démonétisations officielles 1803-1948		-102 t	-828 t	-726 t
Exportations définitives	-291 t	-291 t	-403 t	-112 t
Stock théorique de pièces survivantes	1 978 t	3 132 t	**2 512 t**	-620 t
Estimation du stock (base : Sicsic 1909)		2 267 t	**1 647 t**	-620 t

Deux résultats sont obtenus :

Le premier, « *Stock théorique de pièces survivantes* », soit **2512 tonnes de fin en 1960**, est obtenu en déduisant du cumul des frappes depuis 1803 toutes les démonétisations et exportations connues. Le résultat fait apparaître, **pour 1960, une perte de 29 %** de l'ensemble des monnaies d'or émises et des jetons commercialisés.

Le second, « *Estimation du stock (base Sicsic 1909)* », soit **1647 tonnes en 1960**, est calculé à partir de 1914 en extrapolant l'estimation de 1909 de Sicsic. Le résultat pour 1960 est donc obtenu en ajoutant à l'estimation de 1914, soit 2267 tonnes (voir annexe 9), les frappes de la période 1914-1960, soit 218 tonnes, diminuées des exportations et des démonétisations de cette même période, soit 838 tonnes. Avec ce deuxième résultat la **perte** de pièces d'or françaises **en 1960 est estimée à 53 %**.

Les optimistes seront tentés spontanément de retenir le premier chiffre. Néanmoins, considérant l'inventaire des risques énumérés dans les pages précédentes, ceux-ci émettront très vite des doutes sur leur choix initial. Connaissant maintenant les affres qu'ont traversées les monnaies d'or françaises, n'en perdre qu'à peine un quart sur un long voyage de 157 ans parsemé de pièges relèverait du miracle et étendre ce même résultat à nos jours, soit sur une période 220 ans, n'aurait aucune rationalité.

À ce stade, il est donc plus raisonnable de prolonger l'estimation de Sicsic de 1909 et de retenir que **1647 tonnes** représente le volume maximum de monnaies d'or françaises détenues par la Banque de France et le public, qui auraient pu survivre jusqu'en 1960 **si aucune perte**, hormis celles considérées dans le tableau, n'était intervenue sur la période 1914 à 1960.

Si on y ajoute les monnaies étrangères, en reprenant le taux de 10 % qui a été identifié de 1878 à 1909, les Français et la Banque de France auraient pu détenir en 1960 au plus **1830 tonnes de monnaies d'or françaises et étrangères**, si aucune autre cause de pertes n'était intervenue depuis 1914.

Les archives de la Banque de France ayant conservé le détail de l'encaisse or de l'institution au 31 décembre 1959, la simple soustraction de cet inventaire du total de 1830 tonnes donne ainsi le **montant maximum possible** détenu par le public fin 1959 en monnaies françaises et étrangères.

Tableau 35 : *État des principales monnaies d'or disponibles détenues par la Caisse générale à la date du 31 décembre 1959 (soir) – Encaisse et Fonds de stabilisation des Changes.*

31 déc. 1959	Monnaies françaises	Monnaies étrangères	Total
Banque de France*	66 t	59 t	**126 t**
Public	1 581 t	124 t	**1 704 t**
Total	**1 647 t**	**183 t**	**1 830 t**

Source : Archives de la Banque de France.
* L'inventaire du 31 décembre 1959, reproduit dans l'annexe 5, inclut 190 000 pièces de 100 francs 1935 (n'ayant jamais circulé dans le public) représentant 1 120 kg de fin. Ces pièces ne sont pas comptabilisées dans les frappes prises en compte ici. L'état de la Banque auquel il est fait référence représente 66 352 kg de fin de monnaies françaises dont seulement 65 252 kg sont retenues dans le tableau.

En conclusion, si aucune perte de monnaies n'était intervenue entre 1914 et 1960, environ 1830 tonnes d'or monétaire seraient encore disponibles en France, et avec un bon niveau de confiance, il est possible d'écrire que :

Le public aurait pu en détenir <u>au grand maximum</u> environ 1704 tonnes, dont 1581 tonnes de monnaies françaises et jetons d'or, au 31 décembre 1959.

Néanmoins beaucoup d'évènements se sont produits entre 1914 et 1960.

Les mêmes archives de la Banque de France nous livrent une information importante sur la période entre 1914 et 1960. En effet, en 1925, un cadre de la Banque publiait cette estimation du volume de monnaies d'or aux mains du public :

> *« Les estimations faites avant la guerre évaluaient généralement entre 3 milliards et demi et 4 milliards de francs, le montant des monnaies d'or en circulation en France dans le Public.*
>
> *Sur ce montant, 2 milliards environ ont été versés à la Banque de France de 1914 à 1918 ; il pouvait donc rester dans les mains des particuliers 1 milliard et demi ou 2 milliards. Mais il est vraisemblable qu'une partie importante de ces monnaies a été soit exportée, soit livrée à la fonte.*
>
> *Si l'on estime que l'exportation et la fonte ont atteint environ la moitié de ce qui restait aux mains des particuliers, on est conduit à penser qu'il ne subsiste actuellement qu'un solde sensiblement inférieur à 1 milliard.*
>
> *Cette estimation est évidemment toute conjoncturale*, mais il semble bien qu'elle est la plus vraisemblable. »*
>
> ----------------------
>
> *Source : Archives Banque de France. Une copie du document d'origine est donnée en annexe 6.*
>
> * Note de l'auteur : a priori il faut lire « conjoncturelle ».

En d'autres termes, la Banque de France, en 1925, estimait que le public détenait moins d'un milliard de francs en monnaies d'or, *a priori* françaises – l'auteur ne donne aucune précision – soit moins de 290 tonnes de fin.

Cette estimation paraît bien basse.

Pour la suite, nous retiendrons donc l'**hypothèse** que le public détenait en 1925, en France, **un milliard et demi de francs** de monnaies d'or françaises, soit 435 tonnes de fin.

Sachant que l'encaisse de la Banque de France a peu évolué avant août 1928 (date de la dévaluation Poincaré), il est très probable que la Banque détenait en 1925 approximativement le même stock de monnaies d'or qu'au 1er juin 1928 soit 1063 tonnes, dont 972 tonnes de monnaies d'or françaises et étrangères.

Tableau 36 : Encaisse or Banque de France (Paris & succursales) aux dates ci-dessous.

Tonnes	Monnaies FR	Monnaies ETR	Lingots (France)	TOTAL
19 novembre 1925	---	----	---	1 069 t
1er juin 1928	941 t	31 t	91 t	1 063 t
30 novembre 1928	1 088 t	31 t	703 t	1 822 t

Source : Archives de la Banque de France. (FR : France ; ETR étrangères).

En outre, l'augmentation de l'encaisse or après la dévaluation a principalement été le fait des apports en lingots faisant passer cette partie de l'encaisse de 91 à 703 tonnes. L'apport en monnaies d'or n'a concerné que les monnaies françaises dont le stock de l'encaisse est passé de 941 à 1088 tonnes soit une augmentation de 147 tonnes provenant du public.

Tableau 37 : Monnaies d'or françaises au 1er juin 1928.

1er juin 1928	Million de francs	Tonnes de fin
Banque de France*	3 241 millions de F	941 t
Public	1 500 millions de F	435 t
Total	4 741 millions de F	1 376 t

Source : *Archives de la Banque de France.

Ce qui pourrait signifier, prenant en compte l'estimation faite par l'analyste de la Banque de France, que le volume global de monnaies d'or françaises en 1925 se situerait autour de **1376 tonnes d'or,** se composant d'un **milliard et demi de francs or** dans les « mains des particuliers » – soit 435 tonnes – et de 941 tonnes à la Banque de France.

Pour aller plus loin, il nous faut statuer sur le pourcentage de monnaies étrangères. En effet, si celui-ci est maintenu à 10 % des avoirs monnayés en or détenus par le public et la Banque de France, ces monnaies étrangères représenteraient 153 tonnes. La Banque en détenant 31 tonnes, le public serait supposé en détenir à lui seul 122 tonnes.

Dès lors, le stock de monnaies d'or, françaises et étrangères, serait estimé à 1529 tonnes dont 557 tonnes détenues par le public. Ce sont ces éléments que reprend le tableau ci-dessous :

Tableau 38 : Estimation des stocks détenus par le public au 1er juin 1928 avec le pourcentage habituel de 10 % de monnaies étrangères.

1er juin 1928	Monnaies françaises	Monnaies étrangères	Total
Banque de France*	941 t	31 t	972 t
Public (estimations)	435 t	122 t	557 t
Total	1 376 t	153 t	1 529 t

*Source : *Archives de la Banque de France.*

Néanmoins, la part de monnaies d'or étrangères que détiendrait le public en 1928, 122 tonnes, ne paraît pas réaliste. En effet, ce volume représente 80 % des monnaies étrangères détenues en France et plus du quart du stock de monnaies françaises détenues par le public. En comparaison, les monnaies étrangères représentaient seulement 3 % de l'ensemble des monnaies de l'encaisse or de la Banque.

Les Français auraient-ils réellement privilégié les monnaies d'or étrangères aux traditionnelles monnaies d'or françaises sachant que l'or étant par nature le même dans les deux types de pièces, le change n'intervient en rien dans le choix ? L'or reste de l'or quelle que soit la pièce.

Selon la loi de Gresham[141], qui se résume par la formule « la mauvaise monnaie chasse la bonne », lorsque, dans un système monétaire bimétallique, un déséquilibre dans le ratio entre les prix de l'or et de l'argent par rapport à la valeur officielle se produisait, dans un sens ou dans un autre, les monnaies contenant le métal le moins valorisé entraînaient la raréfaction des monnaies de l'autre métal. Les témoignages donnés dans un chapitre précédent attestent de la réalité de ce processus à l'origine de la fonte de grandes quantités de monnaies au XIXe siècle.

Le même phénomène survient lorsqu'un déséquilibre de confiance naît entre deux moyens de payement. L'utilisation des billets de banque est aujourd'hui un acquis. Néanmoins, après la déroute monétaire du système Law au XVIIIe siècle, la réintroduction, le siècle suivant, des billets en France a suscité beaucoup de méfiance. Les Français acceptaient plus aisément les monnaies métalliques que des billets et en revanche se délestaient plus facilement de leurs billets que de leurs pièces d'or, en particulier à l'occasion du règlement de leurs dettes vis-à-vis de l'administration. Le papier chassait alors la bonne monnaie qui était thésaurisée ou du moins mise en circulation uniquement à bon escient. Puis, à partir de 1914, le cours forcé du papier monnaie et les appels à verser son or ont accru considérablement la raréfaction des monnaies en or.

Dans le cas qui nous intéresse ici, il serait surprenant qu'à l'occasion des nombreuses incitations depuis 1915 à contribuer à l'effort de guerre et, à partir de 1918, à la restauration de l'économie, les Français n'aient pas privilégié, mus par leur atavisme ou par patriotisme, d'alléger en priorité la part de monnaies étrangères qu'ils détenaient pour tenter de préserver leur épargne en monnaies françaises aussi longtemps que possible.

Dès lors, retenir 122 tonnes d'or monnayé étranger dans le public ne semble pas pertinent, ce qui remet en cause le taux de 10 % de monnaies étrangères hérité des enquêtes monétaires du XIXe et du début du XXe siècle.

Mais si ce taux ne vaut plus, quel taux retenir ici ?

Le taux de monnaies étrangères dans l'encaisse de monnaies d'or de la Banque est de 3 %. De **façon arbitraire,** retenons un taux de 5 % en lieu et place des 10 % de Foville. Dès lors, cette hypothèse suggère que les Français auraient détenu en 1928 une part de monnaies étrangères représentant 10 % de leur épargne en or monnayé. Ceci conduit à réviser le tableau ci-dessus pour ajuster les données concernant le public :

Tableau 39 : Estimation des stocks détenus par le public au 1er juin 1928 avec le pourcentage arbitraire de 5 % de monnaies étrangères.

1er juin 1928	Monnaies françaises	Monnaies étrangères	Total
Banque de France*	941 t	31 t	972 t
Public	435 t	48 t	483 t
Total	1 376 t	79 t	1 455 t

Source : *Archives de la Banque de France.

La dévaluation d'août 1928, avec un transfert du public vers la Banque de France de 147 tonnes de monnaies françaises, réévaluait le montant détenu par la Banque au détriment de ce que détenait le public :

Tableau 40 : Estimation des stocks détenus par le public au 30 novembre 1928 avec le pourcentage arbitraire de 5 % de monnaies étrangères.

30 novembre 1928	Monnaies françaises	Monnaies étrangères	Total
Banque de France*	1 088 t	31 t	1 119 t
Public	288 t	48 t	336 t
Total	1 376 t	79 t	1 455 t

Source : *Archives de la Banque de France.

L'estimation des pièces françaises potentiellement survivantes en 1960 est réalisée en ajoutant à ces 1376 tonnes de fin les 217 tonnes de jetons commercialisés de 1951 à 1960 et en déduisant les démonétisations réalisées entre 1928 et 1948 soit l'équivalent de 726 tonnes d'or.

Dès lors le stock maximum de pièces d'or françaises potentiellement survivantes est évalué désormais à 867 tonnes en 1960, **sans prise en compte des pertes** autres que les démonétisations officielles.

*Tableau 41 : Montant **maximum** du stock de monnaies françaises survivantes en 1960 calculé à partir de l'estimation faite pour 1928 (autres pertes non prises en compte).*

Évènements	1928	1960
Stock fin 1928 et nouvelles frappes	1 376 t	1 376 t
Commercialisation de jetons 1951-1960		217 t
Démonétisations officielles 1928-1948		-726 t
Exportations définitives		0 t
Estimation du stock de pièces survivantes	1 376 t	867 t

Sources : Archives de la Banque de France et Rapport au Ministre des Finances.

Après la première estimation (voir tableau 34), situant à 1647 tonnes le montant maximum le stock de monnaies françaises, l'hypothèse retenue après la découverte de cette estimation de 1925 de la Banque de France conduit à un stock maximum bien en dessous de 1000 tonnes.

L'encaisse or de la Banque ayant été documenté au 31 décembre 1959 (voir annexe 5), la répartition des pièces survivantes, entre Banque de France et public, devient la suivante en conservant les résultats obtenus avec l'hypothèse précédente pour ce qui concerne le stock de monnaies étrangères :

Tableau 42 : Encaisse or monnayé de la Banque de France et estimation de l'or monnayé détenu par le public au 31 décembre 1959.

31 déc. 1959	Monnaies françaises	Monnaies étrangères	Total
Banque de France	66 t	59 t	**125 t**
Public	801 t	20 t	**821 t**
Total	**867 t**	**79 t**	**946 t**

Source : Archives de la Banque de France.

Estimation du maximum pour 2024

Après avoir estimé, sur la base des démonétisations et des exportations officielles, le volume maximum de monnaies d'or potentiellement survivantes en 1914 puis avoir réalisé le même exercice pour 1960, la dernière étape est une estimation du stock maximum de monnaies survivantes en 2024.

Il faut insister encore une fois sur le fait que les volumes estimés jusqu'alors ne prennent pas en compte nombre de situations non-documentées ayant abouti à la perte définitive de monnaies d'or.

La démarche d'estimation pour 2024 est rendue délicate du fait de la difficulté d'accès aux archives sur la période 1960 à 2024. En effet, bien que le Code du patrimoine précise que les archives publiques sont « communicables de plein droit »[142], ce droit de communication est restreint pour les archives publiques traitant de « **la monnaie** et

[du] **crédit public** ». Leur communication n'est autorisée qu'à l'expiration d'un délai de 25 ans[143]. Enfin, comble de malchance pour les chercheurs, certaines archives publiques ne sont pas du tout communicables. En effet, l'article L311-5[144] du Code du patrimoine rend inaccessible les « *documents administratifs dont la consultation ou la communication porterait atteinte... e)* ***à la monnaie et au crédit public ;*** »

Aussi, la demande faite au service de Gestion du Stock d'Or (GSO) de la Banque de France d'accéder aux données non-classifiées les plus récentes, soit l'inventaire de l'encaisse or entre 1990 et 1999, s'est heurtée à une fin de non-recevoir.

Est-il bien raisonnable de considérer que la non-divulgation de l'inventaire des monnaies françaises et étrangères détenues par la Banque de France en 1999 relèverait de la protection des intérêts nationaux ?

Les réserves d'or de la France hébergées dans les coffres de la Banque de France représentent selon les sources ouvertes fin mai 2023 exactement 2 436,8 tonnes[145], chiffre qui n'a pas varié depuis 2009. En 1960, la Banque détenait 125 tonnes d'or monnayé. Il est peu probable que ce volume ait augmenté ; il est, sans doute et *a priori*, approximativement le même aujourd'hui. Porter à la connaissance du public le détail de ces 5 % des avoirs en or de l'État mettrait-il en péril la France ?

Par chance, une « indiscrétion » va permettre de contourner cette censure.

En effet, dans son ouvrage « Les Secrets de l'Or », Didier Bruneel révèle que la Banque de France détenait en 2012 environ 15 millions de pièces d'or pour un poids total de 122 tonnes. Cette information est importante. En effet, elle confirme, comme suggéré plus haut, que l'encaisse en monnaies d'or de la Banque a peu évolué depuis les 126 tonnes du 31 décembre 1959.

Tableau 43 : Encaisse en pièces d'or de la Banque de France en 1960 et 2012.

Année	Nombre de pièces	Monnaies françaises	Monnaies étrangères	TOTAL (t)
1960*	15 907 467	66 t	59 t	126 t
2012**	15 000 000	--	--	122 t

Sources :   * Archives de la Banque de France.
            ** Page 14 de « Les Secrets de l'Or » par Didier Bruneel (2012).

En outre, Didier Bruneel précise plus loin : « *Elle* [l'encaisse en pièces] *est certes constituée d'une forte proportion de pièces françaises, mais plus de sa moitié se compose de pièces étrangères…* »

Cette dernière information est importante. En effet, l'inventaire au 31 décembre 1959 de l'encaisse en pièce d'or de la Banque affichait en majorité des pièces françaises.

Tableau 44 : Détail de l'encaisse en pièces d'or de la Banque de France au 31 décembre 1959.

Monnaies d'or…	Tonnes de fin	Proportion
… françaises	66,352	52,8 %
… de l'Union Latine	6,509	47,2 %
… des États-Unis et britanniques	50,802	
… d'autres pays étrangers	2,055	
TOTAL	125,718	100 %

Source : Archives de la Banque de France (voir annexe 5).

Cette information a donc pour conséquence qu'entre 1960 et 2012, la Banque de France aurait acquis un volume conséquent de monnaies étrangères tout en réduisant son stock de monnaies françaises. Dès lors s'offre ici la possibilité de poser un nouveau jalon entre 1960 et 2024.

Estimation pour 2012

Les estimations réalisées par Pupin, Denuc et Sicsic (principalement) étaient construites à partir des nombres de monnaies des différents types émises chaque année et actualisés par les différents taux de survivance attribués à chaque type pour l'année cible (1909, 1913 et 1914 selon l'auteur).

Depuis 1960, plus aucune monnaie n'a été émise, ni aucun jeton commercialisé. Dès lors, l'actualisation n'a pas besoin de porter sur les volumes de monnaies des différents types, qui ne sont pas connus, mais peut simplement être réalisée sur le volume global de monnaies d'or estimé en 1960. Le calcul est donc très trivial : il s'agira simplement d'actualiser 867 tonnes de fin sur 52 années avec un taux de survivance donné.

L'inconnue dans cette méthode est donc le taux de survivance. Le changement de statut des monnaies d'or à partir de 1914, passant de moyens de payement à celui de produits de thésaurisation, conduit par prudence à écarter les taux calculés en 1909.

Le tableau ci-dessous résume les calculs réalisés avec des taux de survivance allant de 0,995 à 0,999.

Tableau 45 : Estimations des pertes de monnaies d'or françaises entre 1960 et 2012 avec différents taux de survivance.

Taux de survivance	0,995	0,996	0,997	0,998	0,999
1960	867 t	867 t	867 t	867 t	867 t
2012	668 t	704 t	742 t	781 t	823 t
% de pertes	-23 %	-19 %	-14 %	-10 %	-5 %

Si les résultats extrêmes sont écartés, l'estimation maximum du stock survivant en 2012 se situerait donc autour de 742 tonnes de monnaies d'or françaises, dans une fourchette allant, approximativement, de 700 à 800 tonnes.

En retenant **l'hypothèse**, inspirée de l'information donnée par Didier Bruneel, que la proportion de monnaies étrangères serait en 2012 de 51 %[146] de 122 tonnes, soit, par hypothèse, 62,2 tonnes, ceci induit que le stock de monnaies françaises aurait été réduit de 6,5 tonnes depuis 1960 alors que celui de monnaies étrangères aurait augmenté de 2,8 tonnes.

Il est donc ainsi possible de donner une estimation de la part de monnaies françaises détenues par le public sur la base de la disponibilité de 742 tonnes de monnaies au plus et l'hypothèse d'un montant global inchangé de monnaies étrangères en France :

Tableau 46 : Monnaies d'or disponibles détenues par la Banque de France et le public en 2012.

2012	Monnaies françaises	Monnaies étrangères	Total
Banque de France*	59,8 t	62,2 t	122 t
Public	682,2 t	16,8 t	699 t
Total	742 t	79 t	821 t

Source : Hypothèse inspirée de l'information communiquée par Didier Bruneel (2012).

Estimation pour 2024

Considérant que le stock de la Banque de France est resté inchangé depuis 2012, pour obtenir une estimation pour 2024, il reste maintenant à actualiser le montant de monnaies d'or détenues par le public sur 12 années.

Tableau 47 : calculs des pertes de monnaies d'or françaises entre 2012 et 2024 avec différents taux de survivance.

Taux de survivance	0,995	0,996	0,997	0,998	0,999
2012	682 t	682 t	682 t	682 t	682 t
2024	642 t	650 t	658 t	666 t	674 t
% de pertes	-6 %	-5 %	-4 %	-2 %	-1 %

Avec ce résultat moyen de 658 tonnes de monnaies d'or françaises survivantes dans le public, le stock total de monnaies d'or est estimé **au plus à 797 tonnes de monnaies d'or françaises et étrangères présentes dans le public et à la Banque de France**.

Tableau 48 : Monnaies d'or disponibles détenues par la Banque de France et le public en 2024.

2024	Monnaies françaises	Monnaies étrangères	Total
Banque de France*	59,8 t	62,2 t	122 t
Public	658,0 t	16,8 t	675 t
Total	718 t	79 t	797 t

Source : Hypothèse inspirée de l'information communiquée par Didier Bruneel (2012).

Que resterait-il de l'épargne or des Français aujourd'hui ?

Monnaies d'or

La longue démonstration développée dans les pages qui précèdent a abouti à environ 797 tonnes de monnaies d'or dont 718 tonnes de monnaies françaises, soit près de 124 millions de pièces de 20 francs germinal.

On pourrait s'étonner que les apports de monnaies d'or dans le cadre des appels à l'épargne des Français ne soient pas pris en compte dans la démarche qui précède. Le total de cette épargne transférée à l'État ou à la Banque de France représente *a minima* 889 tonnes de monnaies d'or depuis 1914. Ce qui est considérable.

Néanmoins, les prendre en considération aurait nécessité d'obtenir plus d'information sur ce que ces monnaies étaient réellement devenues. Le transfert de monnaies d'or du public vers l'État ne préjuge en effet en rien de leur destination finale. Lorsque, par exemple, ces monnaies étaient attribuées au Fonds de stabilisation des changes, elles pouvaient revenir vers le public à l'occasion des interventions du Fonds sur le marché et reprendre ainsi une existence « normale » dans le public. *A contrario,* si l'État les utilisait pour honorer des engagements internationaux, ces monnaies pouvaient disparaître définitivement, en particulier aux États-Unis, ou revenir sur le territoire national dans le cadre d'une transaction financière dans l'autre sens.

En résumé, il n'est pas possible, de porter un jugement définitif sur la destination des monnaies d'or apportées par les Français aux guichets du Trésor ou de la Banque de France.

Cependant, il est important de rappeler ici que ces transferts d'épargne représentent une quantité non négligeable dont une partie viendrait en déduction de l'estimation maximum pour 2024.

Enfin, n'oublions pas la remarque faite au tout début sur les statistiques communiquées dans les rapports annuels du World Gold Council (WGC). Selon ceux-ci, le cumul des soldes annuels d'investissement des Français (en pièces et lingots d'investissement) sur la période allant de 1992 à 2020, représente un déficit d'environ **430 tonnes** de pièces et lingots d'or. Quelle part les pièces prennent-elles dans ce déficit ?

Lingots d'or

Le lecteur qui a eu la patience d'arriver jusqu'ici a pu constater la difficulté d'évaluer le montant de monnaies d'or françaises et étrangères que les Français pourraient avoir thésaurisées à ce jour.

En revanche, cette difficulté n'est rien lorsqu'on la compare au chantier d'évaluation de l'épargne en lingots d'or que ces mêmes Français pourraient posséder.

Contrairement aux monnaies, les lingots ne sont pas inventoriés par une administration centrale. Même si les lingots sont généralement identifiés par les affineurs, cette identification ne permet, à notre connaissance, ni quantification, ni traçabilité, d'autant que la diversité des titres des lingots anciens conduisait souvent à les fondre pour s'aligner sur les standards de « bonne livraison » de la LBMA[147] qui sont désormais la norme internationale incontournable.

Tableau 49 : Barres et lingots admis par la Banque de France en 1948.

Titre (‰)	1000‰	995‰*	917‰	915,5‰*	901‰*	899‰
Poids minimum (kg)	10,8862	10,9409	11,8745	11,8909	12,0823	12,1092
Poids maximum (kg)	13,3744	13,4416	14,5849	14,6088	14,8439	14,8769

Source : Bulletin officiel de l'administration des contributions indirectes : Avis relatif au régime des transactions sur l'or (15 mars 1948, n°12).

Aucun élément n'étant, *a priori*, disponible, il est donc impossible d'avancer une quelconque hypothèse sur ce sujet.

Plusieurs auteurs, déjà mentionnés dans les premières pages, ont courageusement franchi le pas en publiant des chiffres, exprimant le plus souvent le volume de lingots par rapport à celui du volume de monnaies d'or estimé détenu par le public à la même date. Pour aligner ces estimations sur celles réalisées ici, il faut donc actualiser notre estimation de 1960 (867 tonnes de monnaies d'or françaises et 79 de monnaies étrangères) aux différentes dates données par les sources.

Pour la date pour laquelle une estimation a été donnée, le volume maximum de monnaies françaises et étrangères qui seraient disponibles en appliquant la méthode du cumul des pertes est calculé depuis 1960.

Les cinq estimations de ces sources sont reprises dans ce tableau et confrontées aux résultats de survivance calculés et reportés dans les deux colonnes de droite ci-dessous :

Tableau 50 : Stocks estimés de monnaies d'or françaises et étrangères aux années de publication de différentes sources comparés aux résultats des calculs de survivance.

Stock de monnaies et lingots d'or du public selon les sources ci-dessous (tonnes)				Stock de monnaies d'or du public estimé ici pour l'année et ratio (tonnes et %)	
Source	Année	Monnaies	Lingots	Survivantes ***	Ratio % **
Banque de France*	1962	2 500 t	450 t	940 t	266 %
Revue « Le Creuset » du 8/11/1975 *	1975	2 500 t	1 000 t	904 t	277 %
Économie et statistiques n°281 *	1995	3 333 t	1 666 t	852 t	391 %
GFMS*	2000	2 400 t	1 200 t	839 t	286 %
François de LASSUS *	2018	2 100 t	1 100 t	795 t	264 %

* Les références des « études » attribuées à ces sources sont données dans le tableau 1.
** Le ratio est le rapport entre le volume de monnaies d'or d'une source et l'estimation de monnaies survivantes faîte ici pour la même année.
*** Les volumes de « monnaies survivantes » inclus ici celles détenues par la Banque de France et celles détenues par le public.

Les montants avancés par ces sources à ces cinq dates dépassent très largement les volumes maximums estimés de monnaies en or survivantes. Au-delà de ce constat, il est intéressant de noter que ces sources ont donné des estimations de la part détenue par les Français en lingots d'or.

Selon ces sources, cette part de l'épargne globale en or des Français se situerait entre 15 % en 1962 et 34 % en 2018. La moyenne des cinq estimations est de 29 % et représente 1083 tonnes de lingots.

Aucune information n'a été trouvée sur les sources à l'origine de ces données et les méthodes ayant permis d'aboutir à ces résultats. S'ils l'ont été en proportion du volume de monnaies, ces résultats sont à l'évidence aussi suspects que les montants de monnaies d'or supposés être détenues par les Français et publiés par ces auteurs.

Conclusion

Le lecteur qui est arrivé à ce terme mérite l'admiration. En effet, malgré la volonté de l'auteur d'être aussi clair et référencé que possible pour répondre à cette question, il faut reconnaître que la dernière partie n'en est pas moins aride à lire.

Comme annoncé dans les premières pages, cette dernière partie a été détaillée volontairement pour permettre au lecteur de suivre pas à pas la démonstration.

Les hypothèses retenues sont certainement les points de fragilité du raisonnement. Celles-ci portent, d'une part sur la prise en compte d'une conclusion de la Banque de France estimant le volume de monnaies d'or à « un solde sensiblement inférieur à 1 milliard » de francs en 1925. Par prudence, le chiffre de la Banque a été relevé à arbitrairement à un milliard et demi. La seconde hypothèse porte sur le pourcentage de monnaies d'or étrangères présentes sur le territoire. Ce pourcentage a été réduit de moitié pour introduire une certaine cohérence entre les volumes détenus par la Banque de France d'une part et le public d'autre part. Ce choix a peu d'impact sur le volume global détenu par le public.

Le résultat obtenu doit être considéré avec une inévitable marge d'erreur que l'on peut situer autour de ± 50 tonnes.

Enfin, si aucune faille majeure n'est révélée dans le raisonnement qui a conduit à la réponse apportée à la question initiale, il est permis d'affirmer sans aucune ambiguïté que les chiffres généralement utilisés pour évoquer le montant de l'épargne en or des Français relèvent du fantasme.

Bien évidemment, si un lecteur pouvait apporter des éléments montrant que les raisonnements développés ne permettent pas d'aboutir aux résultats obtenus dans cette démonstration ou présentent des biais, ses observations seront accueillies avec toute l'attention qu'elles méritent.

En attendant, ces estimations sont, semble-t-il, ce que l'on peut espérer de mieux quant au volume de monnaies d'or françaises et étrangères en 2024 :

Tableau 101 : Synthèse des estimations en monnaies d'or françaises et jetons d'or.

Tonnes	1914	1960*	2012*	2024*
Banque de France	431 t	66 t	60 t	60 t
Public	1 836 t	801 t	682 t	658 t
TOTAL	**2 267 t**	**867 t**	**742 t**	**718 t**
Émissions *	3 526 t	3 744 t	3 744 t	3 744 t
% pertes	-35,7 %	-76,8 %	-80,2 %	-80,8 %

* *Jetons d'or compris*

Le graphique de l'annexe 12 résume l'évolution, de 1803 à 2024, des frappes de monnaies et jetons d'or français, des démonétisations et des estimations de monnaies françaises survivantes.

Tableau 102 : Synthèse des estimations en monnaies d'or, françaises et étrangères, ainsi que jetons d'or.

Tonnes	1914	1960*	2012*	2024*
Banque de France	659 t	125 t	122 t	122 t
Public	1 860 t	821 t	699 t	675 t
TOTAL	**2 519 t**	**946 t**	**821 t**	**797 t**

* *Jetons d'or compris*

La Banque de France détient dans ses coffres, de façon assez certaine, quelque 122 tonnes de monnaies d'or, représentant selon Didier Bruneel 15 millions de pièces et jetons.

Sachant qu'il n'existe plus de marché régulé, ce « trésor » peut être considéré comme définitivement gelé et sans influence future sur le montant d'or thésaurisé par les Français.

> La réponse à l'interrogation sur le volume **maximum** de l'**épargne or du public français** peut donc se résumer en **2024** par ces trois réponses :
>
> - **entre 600 et 700 tonnes** de monnaies d'or françaises ;
>
> - **entre 15 et 20 tonnes** de monnaies d'or étrangères ;
>
> - et un volume **inconnu** de lingots d'or.

Cependant, la probabilité que ces chiffres soient encore beaucoup trop optimistes est très élevée.

En effet, si on considère objectivement tous les obstacles que les monnaies d'or françaises ont rencontrés la moitié du chiffre affiché plus haut pourrait s'avérer une estimation beaucoup plus réaliste.

Pour s'en convaincre, il suffit de cumuler quelques évènements n'ayant pas été considérés dans l'estimation et dont une part de pertes pourrait, si des informations complémentaires étaient révélées, venir réduire le chiffre de la conclusion :

Tableau 103 : Évènements ayant conduit à des pertes de monnaies d'or françaises potentiellement qui n'ont pas été pris en compte.

Évènement	Période	Monnaies d'or (t)	Part potentiellement attribuable à des pertes de monnaies françaises (t)
Emprunts russes	1917	?	?
Achat par Banque de France *	1926-1929	227 t	8 t
Emprunt de l'État français	1936-1937	19 t	?
Versements en or des Français **	1915-1926	681 t	100 t
Monnaies d'or volées***	1914-1918	100 t	100 t
Or industriel****	1914-1928	600 t	200 t
Exportations vers USA	1883-1914	?	?
TOTAL			**408 t**

* De ces 227 tonnes, 147 tonnes ont déjà été comptabilisées dans le cadre de la stabilisation de 1928. voir Tableau 23. Arbitrairement le pourcentage de 10 % des 80 tonnes restant est potentiellement considéré comme une perte (transfert au Trésor ?).
** Voir Tableau 15.
* * * René Pupin. Voir note 100.
*** * De Litra : « ... dont une bonne part a été prise sur les stocks privés en pièces. ». Voir note 75.

Postface

Cette estimation ne tient pas compte des possibilités relativement récentes d'investissement offertes aux épargnants pour investir dans les métaux précieux.

Ces possibilités recouvrent deux aspects : des émissions de monnaies d'or modernes depuis les années 1970, et des offres de gardiennage accessibles grâce aux outils de communication numérique.

Les monnaies modernes

Si, pour les périodes passées, il a été difficile de trouver des informations sur les événements ayant affecté la survie des monnaies d'or, la recherche des mêmes informations sur l'époque contemporaine est plus simple puisque ces pièces modernes, monnaies et jetons, sont essentiellement destinées soit à la collection soit à la thésaurisation et que les volumes d'émissions sont assez bien documentés (voir annexe 3).

Certes, les frappes de monnaies d'or destinées à la circulation monétaire ne sont plus d'actualité pour un usage courant, même si certaines ont cours légal. Leur valeur faciale étant inférieure à leur valeur intrinsèque[148], ceci n'aurait aucun sens de les utiliser pour des règlements quand bien même elles sont, sans aucune ambiguïté possible, des moyens de paiement légaux.

Les premières émissions modernes ont vu le jour à partir du début des années 1970 (voir annexe 13) et représentent approximativement 4000 tonnes de fin, en cumulant toutes les productions de tous les pays émetteurs depuis les premières frappes.

En France, ces émissions modernes ont longtemps été ignorées par les commerçants, jusqu'en 2008 approximativement. La très grande majorité des Français en ignore même encore l'existence. Les thésauriseurs de l'Hexagone ayant fait le pas vers ces nouveaux produits représentent un très faible contingent. Ces émissions modernes connaissent depuis le début un grand succès aux États-Unis, en Allemagne, au Royaume-Uni, au Canada et en Australie ainsi qu'en Chine. La part attribuable au marché français de ces 4000 tonnes est donc modeste.

En résumé, l'apport de ces monnaies d'or modernes dans l'épargne or des Français n'est certes pas quantifiable mais reste à ce jour minime.

Les nouveaux services de gardiennage

Depuis 2001, plusieurs entreprises ont développé des services hautement sécurisés, accessibles par internet, permettant aux épargnants en métaux précieux, d'acheter, de vendre et de faire conserver en toute sécurité, lingots et pièces.

Avec la hausse du prix de l'or depuis 2008, l'offre s'est considérablement étoffée. Trois précurseurs communiquant sur leur portefeuille de clients permettent de mesurer le poids que représente ce secteur.

Les demandes formulées auprès de BullionVault, et plusieurs autres intermédiaires assurant la garde de stocks d'or, pour évaluer le montant global en métaux précieux détenu chez eux par les Français sont restées sans suite.

Un responsable de BullionVault a néanmoins confirmé que leurs chiffres sont communiqués aux enquêteurs du World Gold Council. Ceci confirme que les soldes annuels déficitaires de l'épargne or des Français depuis le début des années 1990, montants évoqués plus haut, prennent en compte les principaux opérateurs du marché des métaux précieux en France.

Malgré l'impossibilité d'accéder à des informations auprès des professionnels assurant la garde cette épargne or des Français il est néanmoins possible d'apprécier l'importance relative que cette épargne pourrait représenter par rapport aux chiffres de la conclusion.

En effet, les entreprises en question publient, parfois, sur leur site internet l'inventaire anonymisé des avoirs dont elles ont la garde. BullionVault et Goldmoney le font en temps réel, AuCOFFRE, acteur hexagonal de premier plan sur ce marché, publie un rapport d'audit annuel des stocks certifié par une entreprise spécialisée[149].

L'information donnée par AuCOFFRE est limitée au volume d'or conservé, parfois avec une précision sur le type d'or (monnaies, jetons, napoléon, lingots). L'information n'est pas très précise mais permet néanmoins d'apprécier l'importance globale des avoirs détenus. Le rapport le plus récent est daté du 31 janvier 2024 pour un inventaire réalisé les 12 et 13 décembre 2023. Il fait état, sous réserve que les types d'or aient pu être identifiés correctement, d'environ 20 kilogrammes de monnaies d'or germinal (20 francs très majoritairement), de 8200 kilogrammes d'autres pièces d'or et enfin de 1000 kilogrammes de lingots. Au total, AuCOFFRE assurait à cette date la garde de 9,2 tonnes d'or pour des clients très majoritairement français.

Goldmoney et BullionVault ont une clientèle très internationale. BullionVault a une part inconnue de clients français mais sans doute relativement faible. Goldmoney, historiquement, a un portefeuille de clients principalement américains, et sans doute très peu de clients français.

Le site de Goldmoney affiche le volume d'or confié à la garde de l'entreprise, et le nombre de ses clients[150]. À cette heure, 347 946 clients font confiance à Goldmoney pour le stockage de leurs avoirs en or, argent, platine, etc. Il est donc impossible de savoir combien de clients ont spécifiquement un compte or. Au plus, à l'instant où ces lignes sont écrites, ils seraient 347 946 et le cumul des avoirs en or des clients représente 14 246 kilogrammes de fin.

BullionVault fournit une information abondante et très détaillée, et, bien évidemment, anonymisée[151], sur les portefeuilles de ses clients. Pratiquant une politique commerciale très agressive, l'entreprise attire de nombreux internautes en les gratifiant d'un gramme d'or pour l'ouverture d'un compte. Néanmoins, beaucoup de ceux-ci ne dépassent pas le stade de la création du compte. Ainsi, sur les 35 379 comptes ouverts identifiées (les comptes affichant une situation à zéro sont pléthores et ont été éliminés du décompte dès le départ), il y a 3415 comptes à 1 gramme qui ne sont pas représentatifs de réels épargnants en or.

Au final, seulement 31 964 comptes peuvent être considérés comme actifs. Ce qui représente un volume de 45 159 kilogrammes d'or pour des clients détenant entre 2 à 10 grammes d'or (1409 comptes) et plus de 200 kilogrammes d'or (8 comptes de 200 à 460 kg).

Ces éléments sont regroupés ci-dessous :

Tableau 156 : Stocks d'or des clients de AuCOFFRE, BullionVault et Goldmoney.

Kg d'or fin	Monnaies FR	Monnaies ETR	Lingots	TOTAL
AuCOFFRE	20 kg	8 200 kg	1 000 kg	9 220 kg
BullionVault			45 574 kg	45 574 kg
Goldmoney			14 246 kg	14 246 kg

Les avoirs détenus pas BullionVault et Goldmoney sont internationaux. Les comptes détenus par des Français sont certainement très minoritaires, en particulier chez Goldmoney. En prenant **l'hypothèse**, sans doute très optimiste, que les comptes français détiendraient le dixième des avoirs chez ces deux prestataires, le volume d'or ne dépasserait pas 6 tonnes.

A contrario chez AuCOFFRE les avoirs sont très majoritairement détenus par des épargnants français. Les 8,2 tonnes d'or en monnaies étrangères correspondent principalement à des pièces modernes (monnaies et jetons modernes). Le volume insignifiant de monnaies d'or germinal (20 kilogrammes) est cohérent avec la sévère attrition constatée sur le volume de monnaies d'or françaises émises depuis 1803.

AuCOFFRE n'est pas la seule entreprise à offrir aux Français ses services mais c'est probablement une des trois principales entreprises de l'Hexagone. Si on considère, très **arbitrairement**, qu'au moins 10 entreprises en France (ce qui semble dépasser de loin la réalité) auraient dans leurs coffres le même volume d'or en garde que AuCOFFRE, celles-ci ne totaliseraient, en tout et pour tout, qu'environ 100 tonnes d'or.

Ces 100 tonnes ne font donc pas varier de façon significative les résultats de notre conclusion.

Ici se termine donc cette enquête.

Si vous avez trouvé un intérêt pour ce sujet, et que vous avez des questions, ou pour simplement échanger, faire des commentaires, des suggestions ou des critiques, je serai très heureux de vous retrouver à cette adresse sur la Toile :

https://aurumetplus.substack.com/

Annexes 1 à 13

Annexe 1
L'UNION LATINE
Convention monétaire de 1885

TABLEAU DES MONNAIES D'OR, D'ARGENT, DE BRONZE, DE NICKEL
JETONS DE BRONZE D'ALUMINIUM
ADMIS DANS LES CAISSES PUBLIQUES,
depuis le 25 Juillet 1894, suivant les dernières modifications apportées
à la Convention monétaire de 1885

MONNAIES D'OR

Pièces de 100 Francs.

UNION LATINE.
- **France.** — Effigies de Napoléon III et de la République, sans distinction de millésimes.
- **Grèce.** — Effigie de Georges Iᵉʳ.
- **Italie.** — Effigie de Victor-Emmanuel II, de Humbert Iᵉʳ et de Victor-Emmanuel III.

AUTRES PAYS.
- **Monaco.** — Effigies de Charles III et de Albert Iᵉʳ.

Pièces de 50 Francs.

UNION LATINE.
- **France.** — Effigies de Napoléon III et de la République, sans distinction de millésimes.
- **Grèce.** — Effigie de Georges Iᵉʳ.
- **Italie.** — Effigies de Victor-Emmanuel II et de Humbert Iᵉʳ.

Pièces de 40 Francs.

UNION LATINE.
- **France.** — Effigies de Bonaparte 1ᵉʳ consul, de Napoléon empereur (face : tête laurée et non laurée; revers : République française), de Napoléon empereur (face : tête laurée; revers : Empire français), de Marie-Louise comme duchesse de Parme, de Louis XVIII, de Charles X, de Louis-Philippe Iᵉʳ, sans distinction de millésimes.
- **Italie** (ancien royaume d'). — Effigie de Napoléon Iᵉʳ, empereur et roi.

AUTRES PAYS.
- **Russie.** — 15 roubles. — Effigies d'Alexandre III et de Nicolas II.

Pièces de 20 Francs.

UNION LATINE.
- **France.** — Effigies de Bonaparte 1ᵉʳ consul, de Napoléon empereur (face : tête laurée et non laurée; revers : République française), de Napoléon empereur (face : tête laurée; revers : Empire français), de Louis XVIII, de Charles X, de Louis-Philippe Iᵉʳ, de la République de 1848 (génie de Dupré et type de Merley), de Napoléon III (tête laurée et non laurée), de la République de 1870 (génie de Dupré), sans distinction de millésime ; tête de République de J. C. Chaplain depuis 1899.
- **Belgique.** — Effigies de Léopold Iᵉʳ (tête laurée et non laurée) et de Léopold II.
- **Grèce.** — 20 drachmai : effigie de Georges Iᵉʳ.

Pièces de 20 Francs (Suite).

UNION LATINE.
- **Italie** et anciens royaumes d'Italie et de Sardaigne. — 20 lires : effigies de Napoléon, empereur et roi; de Victor-Emmanuel Iᵉʳ, de Charles-Félix, de Charles-Albert et de Victor-Emmanuel II, rois de Sardaigne, de Chypre et de Jérusalem ; de Victor-Emmanuel II, de Humbert Iᵉʳ et de Victor-Emmanuel III, rois d'Italie.
- **Suisse.** — Effigie de la Confédération helvétique.

AUTRES PAYS.
- **Autriche-Hongrie.** — 8 florins : effigies de François-Joseph, l'une comme empereur d'Autriche, avec inscription latine, et l'autre comme roi de Hongrie, avec inscription en langue hongroise.
- **Espagne.** — 20 pesetas : effigie d'Alphonse XIII.
- **Monaco.** — Effigie de Charles III.
- **Russie.** — 7 roubles 1/2 : effigies d'Alexandre III et de Nicolas II.

Pièces de 10 Francs.

UNION LATINE.
- **France.** — Effigies de la République de 1848 (type Merley), Napoléon III empereur (tête laurée et non laurée), à des millésimes postérieurs à 1855, et de la République de 1870 (type Merley et type J. C. Chaplain depuis 1899).
- **Grèce.** — 10 drachmai : eff. de Georges Iᵉʳ.
- **Italie.** — 10 lire : effigies de Victor-Emmanuel II et de Victor-Emmanuel III, rois d'Italie.
- **Suisse.** — Effigie de la Confédération helvétique.

AUTRES PAYS.
- **Autriche-Hongrie.** — 4 florins : effigies de François-Joseph, l'une comme empereur d'Autriche, avec inscription latine, et l'autre comme roi de Hongrie, avec inscription en langue hongroise.
- **Espagne.** — 10 pesetas : effigies d'Alphonse XII et d'Alphonse XIII.

Pièces de 5 Francs.

UNION LATINE.
- **France.** — Effigies de Napoléon III empereur (tête laurée et non laurée), à des millésimes postérieurs à 1855.
- **Grèce.** — 5 drachmai : effigie de Georges Iᵉʳ.
- **Italie.** — 5 lire : effigie de Victor-Emmanuel II.

2206-2208

MONNAIES D'ARGENT
Pièces de 5 Francs.

UNION LATINE.
- **France.** — Effigies de la première République (type d'Hercule), de Bonaparte premier consul, de Napoléon empereur (face : tête laurée et non laurée ; revers : République française), de Napoléon empereur (face : tête laurée ; revers : Empire français), de Louis XVIII, de Charles X, de Louis-Philippe Iᵉʳ, de la République de 1848 (types d'Hercule, et de la République d'Oudiné), de Louis-Napoléon Bonaparte, de Napoléon III (tête laurée et non laurée), de la République de 1870 (types d'Hercule, et de la République d'Oudiné).
- **Belgique.** — Effigies de Léopold Iᵉʳ (tête laurée), de Léopold Iᵉʳ (face : tête non laurée, revers : 1° effigie de Léopold II et de la duchesse de Brabant ; 2° armes de la Belgique et de Léopold II.
- **Grèce.** — 5 drachmai : effigie de Georges Iᵉʳ.
- **Italie** et anciens royaumes d'Italie et de Sardaigne. — 5 lire : effigies de Napoléon, empereur et roi ; de Victor-Emmanuel Iᵉʳ, de Charles-Félix, de Charles-Albert et de Victor-Emmanuel II, rois de Sardaigne, de Chypre et de Jérusalem ; de Victor-Emmanuel II et de Humbert Iᵉʳ, rois d'Italie.
- **Suisse.** — Effigies de la Suisse (Suisse assise et buste).

Pièces de 2 fr., de 1 fr., de 0 fr. 50 et de 0 fr. 20.

UNION LATINE.
- **France.** — Effigies de la République de 1870. La Semeuse de O. Roty pour les pièces postérieures à 1896.
- **Belgique.** — Effigies accolées de Léopold Iᵉʳ et de Léopold II, avec inscriptions françaises ou flamandes, à des millésimes postérieurs à 1865, effigie de Léopold II et d'Albert Iᵉʳ. (La pièce de 0 fr. 20 en argent, n'existe pas en Belgique.)

JETONS DE BRONZE D'ALUMINIUM
Jetons de 2 fr., de 1 fr. et de 0 fr. 50. (Gravure de Domard).

France. — Figure de Mercure assise et tenant le Caducée. — Attributs du Commerce, de l'Industrie et des Arts. — Au revers l'inscription : Chambres de Commerce de France, Bon pour 2 francs, 1 franc ou 0 fr. 50.

MONNAIES DE BRONZE
Pièces de 0 fr. 10., de 0 fr. 05., de 0 fr. 02 et de 0 fr. 01.

France. — Effigies de Louis-Napoléon Bonaparte, de Napoléon III (tête laurée et non laurée) et de la République de 1870, à des millésimes postérieurs à 1851. Type de Daniel Dupuis pour les pièces postérieures à 1898.

MONNAIE DE NICKEL
Pièces de 0 fr. 25. (types de A. Patey).

France. — Au millésime 1903 : effigie de la République française, revers au carré, tranche lisse. Au millésime 1904 : même effigie, nouveau revers (faisceau de licteur et branche chêne), tranche polygonale à 22 pans. Les deux pièces ont cours légal.

Pièces de 0 fr. 25, 0 fr. 10 et 0 fr. 05 (types de Lindauer).

Millésimes 1914 et suivants (pièces percées d'un trou central) ; face : bonnet phrygien, initiales R. F., couronne de chêne ouverte ; revers : inscriptions, valeur, millésime, branche de laurier.

PIÈCES REFUSÉES PAR LES CAISSES PUBLIQUES
UNION LATINE

France. — *Monnaies d'argent.* — Pièces de 2 fr., 1 fr., 0 fr. 50, 0 fr. 25 et 0 fr. 20 aux effigies de Napoléon Iᵉʳ, de Louis XVIII, de Charles X, de Louis-Philippe Iᵉʳ, de la République de 1848, de Napoléon III. Ces pièces sont néanmoins reçues à la Monnaie pour leur valeur métallique. (Arrêté du 27 juin 1897.)

Belgique. — *Monnaies d'or.* — Pièces de 25 fr. et de 10 fr., à l'effigie de Léopold Iᵉʳ.
Monnaies d'argent. — Pièces de 2 fr., 1 fr., 0 fr. 50, à l'effigie de Léopold Iᵉʳ et à des millésimes antérieurs à 1866.
Monnaies de nickel et de cuivre — Toutes les pièces.

Grèce. — *Monnaies d'argent.* — Pièces de 5 fr. antérieures à 1869, et toutes les pièces divisionnaires.
Monnaies de nickel et de bronze. — Toutes les pièces.

Italie. — *Monnaies d'argent.* — Pièces de 5 fr. des autres États que l'ancien royaume d'Italie et de Sardaigne ; pièces de 2 fr., 1 fr., 0 fr. 50, 0 fr. 20 à toutes les effigies et à tous les millésimes.
Toutes les pièces des anciens États pontificaux.
Monnaies de nickel et de bronze. — Toutes les pièces.

Suisse. — *Monnaies d'argent.* — Toutes les pièces divisionnaires.
Monnaies de nickel. — Toutes les pièces.

AUTRES PAYS

Monnaies d'or. — Toutes les pièces, **sauf les exceptions suivantes pour les pays ci-après :**
- **Autriche-Hongrie :** pièces de 8 et de 4 florins (20 fr. et 10 fr.).
- **Espagne :** pièces de 20 et de 10 pesetas (20 fr. et 10 fr.).
- **Monaco :** pièces de 100 fr. et de 20 fr.
- **Russie :** pièces de 10 et 5 roubles antérieures à 1897 ; pièces de 15 roubles et de 7 roubles 1/2 (40 fr. et 20 fr.).

Monnaies d'argent. — Toutes les pièces.
Monnaies de nickel et de bronze. — Toutes les pièces.

Monnaies d'or disponibles sous le régime monétaire de l'Union latine

Pays	Type	Valeur faciale	Émissions jusqu'en 1896	Émissions après 1896
Suisse	Vreneli	10 francs		7,7 t
Suisse	Vreneli	20 francs		112,8 t
Suisse	Vreneli	100 francs		0,2 t
Suisse	Jeton Vreneli	Aucun		227,7 t
Suisse	Libertas	20 francs	10,2 t	
Suisse	**TOTAL**	/	**10,2 t**	**348,4 t**
Belgique	Léopold 1er	10 francs	0,6 t	
Belgique	Léopold 1er	20 francs	9,0 t	
Belgique	Léopold II	20 francs	163,5 t	
Belgique	Albert 1er	20 francs		1,5 t
Belgique	**TOTAL**	/	**173,1 t**	**1,5 t**
Italie	Vittorio Emanuele II	10L	2,9 t	
Italie	Vittorio Emanuele II	20L	68,2 t	
Italie	Vittorio Emanuele II	50L	0,0 t	
Italie	Vittorio Emanuele II	100L	0,0 t	
Italie	**TOTAL**	/	**71,1 t**	192 t avec tous les anciens États
Grèce	Georges 1er	10 D	0,1 t	
Grèce	Georges 1er	20 D	32,2 t	
Grèce	Georges 1er	50 D	0,003 t	
Grèce	Georges 1er	100 D	0,002 t	
Grèce	**TOTAL**	/	**32,2 t**	
France	Germinal	5 francs	61,2 t	0,0 t
France	Germinal	10 francs	282,5	67,3 t
France	Germinal	20 francs	2 171,8 t	673,2 t
France	Germinal	40 francs	53,1 t	0
France	Germinal	50 francs	13,6 t	0,3 t
France	Germinal	100 francs	17,0 t	8,0 t
France	**TOTAL**	/	**2 599,2 t**	**748,8 t**
	TOTAL U.M.L.	/	**2 885,8 t**	

Annexe 2

Pays non-membres de l'Union latine ayant adopté les normes de la convention monétaire.

Pays	Année	Pays	Année
Monaco	1837	Haïti	1880
Colombie	1847	Argentine	1881
Luxembourg	1849	Madagascar	1883
Bolivie	1863	El Salvador	1883
État Pontifical	1866	Équateur	1884
Roumanie	1866	Russie	1886
Honduras	1866	Congo	1887
Brésil	1867	Comores	1890
Espagne	1868	Érythrée	1890
Serbie	1868	Tunisie	1891
Suède	1868	République dominicaine	1891
Guatemala	1869	Porto Rico	1895
Paraguay	1870	Crète	1900
Autriche	1870	Maroc	1902
Hongrie	1870	Indes danoises	1904
Finlande	1877	Liechtenstein	1920
Bulgarie	1878	Lettonie	1924
Cambodge	1879	Albanie	1925
Venezuela	1879	Pologne	1925
Pérou	1880		

Source : Dossier « Union Monétaire Latine » par J. MOENS (numisbel.be).

Annexe 3

VOLUMES D'ÉMISSION DE MONNAIES ET JETONS D'OR

Monnaies	1ère frappe	Cumul des frappes	Dernière frappe
Franc Germinal *	1803	3 526 t	1921
Sovereign *** / ****	1817	7 765 t	En cours
Monnaies étasuniennes en or *	1838	6 742 t	1933
Franc Suisse *	1897	110 t	1935
Centenario *	1921	185 t	1931
Jeton Centenario 1947 **	1943	300 t	En cours
Jeton 20 francs Suisse **	1945	226 t	1949
Jeton 20 francs Pinay **	1952	218 t	1959
Krugerrand ***	1967	1 638 t	En cours
Panda ***	1982	680 t	En cours
Gold Eagle ***	1986	885 t	En cours
Perth Mint ***	1987	320 t	En cours
Wiener Philharmoniker ***	1989	463 t	En cours

*   Monnaies démonétisées
**   Jetons
***   Monnaies ayant cours légal.
**** Les émissions de Sovereign (Souverain) réalisées avant 1817 n'ont plus cours légal et sont considérées comme des monnaies de collection.

Annexe 4
DÉFINITIONS du FRANC de 1803 à 1960

Date	Dénomination	Définition du franc en milligrammes d'or		Parité officielle	
		À 0,900	fin	du dollar	de la livre
14/04/1803	Bonaparte	322,58	290,3225	5,182	25,121
25/6/1928	Poincaré	65,5	58,95	25,224	124,213
01/10/1936	Auriol	49	44,1	15,19*	
22/07/1937	Bonnet	43	38,7		
05/05/1938	Marchandeau				179
12/11/1938	Reynaud	27,5	24,75		
09/09/1939	Reynaud			43,80	176,625
29/02/1940	Reynaud	23,34	21		
08/11/1942	Alger			75	300
02/02/1943	Alger			50	200
26/12/1945	Pleven	8,29	7,46	119,10	480
26/01/1948	Mayer			214,39	864
18/10/1948	Queuille			263,50	1062
27/04/1949	Petsche			272	1097
20/09/1949	Petsche			350	980**
16/08/1950	Petsche	2,80	2,52		
10/08/1957	Gaillard			420	1176***
24/07/1958	Pinay	2,35	2,115		
27/12/1958	Pinay	2	1,80	493,705	1382,376
01/01/1960	Pinay	200	180	4,937	13,823

*   *Après la dévaluation du dollar du 30 janvier 1934.*
**   *Après la dévaluation de livre sterling du 18 septembre 1949.*
***   *Compte tenu du prélèvement ou du versement de 20 %.*

Source : René Sédillot : Du Franc Bonaparte au Franc de Gaulle (Calmann-Lévy - page 231).

Annexe 5
Encaisse or de la Banque de France au 31/12/1959

```
CAISSE GENERALE
   CJ/ML
              ETAT DES PRINCIPALES MONNAIES D'OR DISPONIBLES
                    DETENUES PAR LA CAISSE GENERALE
                 A LA DATE DU 31 DECEMBRE 1959 (soir)
              (Encaisse et Fonds de Stabilisation des Changes)


    1oo F (frappe 1935) .....................       190.000
    1oo F (françaises et Union Latine) ......        93.000
     8o F  (      "          "    "    ) ....         8.000
     5o F  (      "          "    "    ) ....       114.000
     4o F  (      "          "    "    ) ....       288.000
     2o F  (      "     - ancienne frappe) ...     1.407.000  (1)
     2o F  (      "     - nouvelle frappe) ...     1.493.312  (2)
     2o F suisses ............................       364.000
     2o F Union Latine .......................       725.000  *
     2o F antérieures à Louis-Philippe .......       125.000  (3)
     1o F françaises .........................       551.000  **
     1o F diverses ...........................        47.000
      5 F françaises .........................         3.000
      5 F Union Latine .......................             -

     2o $ U.S.A. .............................     1.058.000
     1o $   "   ..............................       462.000
      5 $   "   ..............................       180.000
     2½ $   "   ..............................        11.000
      1 £ anglaise ...........................     1.253.000
      ½ £    "   ..............................       394.000

    20 marks ................................        29.000
    10   "   ................................        14.000

    10 florins ..............................        11.000
     5    "   ................................        15.000

    20 couronnes (Autriche-Hongrie) .........        82.000  ***
    10     "     (     "      "   ) .........       376.000

    50 pesos ( Mexique) .....................         1.000

                  (italiennes ...............       490.000
         * dont   (belges ....................        90.000
                  (autrichiennes et diverses         145.000

                  (coqs .....................       293.000
        ** dont   (Cérès ....................        90.000
                  (Napoléon .................       148.000
                  (mélangées ................        20.000

                  (autrichiennes ............             -
       *** dont   (hongroises ................             -
                  (mélangées ................        82.000


    (1) et (3) - A ces chiffres, il convient d'ajouter
                 la totalité des pièces achetées au
                 cours de l'Emprunt 1958 et reconnues
                 de bonne livraison au 31 décembre 1959
                 soit :
                 - 2o F françaises  : 5.205.226
                 - 2o F antérieures :    60.929

    (2)- et 1.350.000 pièces qui nous ont été
         livrées par l'Administration des Mon-
         naies depuis le 29 octobre 1959.
```

Source : Archives Banque de France

Annexe 6

Les estimations faites avant la guerre évaluaient généralement entre 3 milliards et demi ou 4 milliards de francs, le montant des monnaies d'or en circulation en France dans le Public.

Sur ce montant, 2 milliards environ ont été versés à la Banque de France de 1914 à 1918; il pouvait donc rester dans les mains des particuliers 1 milliard et demi ou 2 milliards. Mais il est vraisemblable qu'une partie importante de ces monnaies a été soit exportée, soit livrée à la fonte.

Si l'on estime que l'exportation et la fonte ont atteint environ la moitié de ce qui restait aux mains des particuliers, on est conduit à penser qu'il ne subsiste actuellement qu'un solde sensiblement inférieur à 1 milliard.

Cette estimation est évidemment toute conjecturale, mais il semble bien qu'elle est la plus vraisemblable.

Source : Archives Banque de France

Annexe 7
Frappes réalisées par valeur faciale

Cumuls du nombre de monnaies d'or françaises émises depuis 1803 et de jetons d'or commercialisés réalisés à partir des « Rapports au Ministre des Finances » de l'Administration des Monnaies et Médailles.
Total par année en tonnes de fin.

An	100 F	50 F	40 F	20 F	10 F	5 F	Total (t)
1803	0	0	226 115	58 262	0	0	3 t
1810	0	0	1 294 137	8 376 241	0	0	64 t
1820	0	0	3 840 388	36 103 160	0	0	254 t
1830	0	0	4 335 557	39 861 098	0	0	282 t
1840	0	0	5 110 809	47 160 636	0	0	333 t
1850	0	0	5 110 809	55 950 006	592 051	0	386 t
1860	346 514	764 385	5 110 809	225 692 684	68 645 024	27 217 402	1 630 t
1870	443 464	931 374	5 110 809	311 150 224	101 364 161	46 688 026	2 255 t
1880	494 879	936 668	5 110 809	358 430 140	101 364 161	46 688 026	2 531 t
1890	596 089	937 069	5 110 809	362 577 439	101 364 261	46 688 026	2 558 t
1900	626 892	938 069	5 110 809	399 386 735	106 032 206	46 688 026	2 787 t
1910	800 452	958 321	5 110 809	480 159 070	120 945 887	46 688 026	3 305 t
1920	880 748	958 321	5 110 809	514 517 839	127 623 694	46 688 026	3 526 t
1930	882 029	958 321	5 110 809	514 720 198	127 630 122	46 688 026	3 527 t
1940	882 029	958 321	5 110 809	514 720 198	127 630 122	46 688 026	3 527 t
1950	882 029	958 321	5 110 809	514 720 198	127 630 122	46 688 026	3 527 t
1960	882 029	958 321	5 110 809	552 203 698	127 630 122	46 688 026	3 745 t

Annexe 8

Pièces survivantes (selon valeur faciale)

Calculs réalisés avec les taux de survivance de 1909 pour la période allant de 1803 à 2024.

Nombres de monnaies d'or françaises émises depuis 1803 survivantes à une date donnée (les jetons commercialisés entre 1951 et 1960 sont inclus dans le nombre de 20 francs survivants).
Total par année en tonnes de fin.

Taux =	0,995	0,995	0,995	0,989	0,987	0,995	
Année	100 F	50 F	40 F	20 F	10 F	5 F	Total (t)
1803	0	0	226 115	58 262	0	0	3
1810	0	0	1 263 692	8 135 337	0	0	62
1820	0	0	3 656 611	33 524 037	0	0	237
1830	0	0	3 970 650	33 596 500	0	0	241
1840	0	0	4 528 288	37 032 904	0	0	268
1850	0	0	4 306 901	41 782 940	592 051	0	294
1860	341 370	752 519	4 096 337	200 096 680	66 064 722	26 908 515	1 461
1870	420 293	878 650	3 896 068	260 720 637	88 572 239	44 563 208	1 906
1880	450 839	840 934	3 705 590	278 741 525	77 708 612	42 384 518	1 974
1890	526 733	800 217	3 524 424	253 608 300	68 177 537	40 312 345	1 797
1900	531 722	762 079	3 352 115	262 451 640	64 410 055	38 341 480	1 832
1910	676 030	744 473	3 188 231	312 509 582	70 733 254	36 466 970	2 140
1914	742 106	729 695	3 124 943	332 808 822	73 686 285	35 743 082	2 267
1920	720 120	708 076	3 032 359	311 438 702	68 122 343	34 684 104	2 123
1930	686 138	673 458	2 884 107	279 010 615	59 772 665	32 988 403	1 905
1940	652 592	640 533	2 743 103	249 794 943	52 441 384	31 375 604	1 708
1950	620 687	609 217	2 608 993	223 638 494	46 009 305	29 841 655	1 533
1960	590 342	579 433	2 481 440	235 521 417	40 366 138	28 382 700	1 580
1970	561 480	551 104	2 360 123	210 859 573	35 415 121	26 995 074	1 418
1980	534 029	524 161	2 244 737	188 780 111	31 071 359	25 675 288	1 273
1990	507 921	498 535	2 134 992	169 012 628	27 260 372	24 420 027	1 143
2000	483 089	474 161	2 030 612	151 315 031	23 916 813	23 226 135	1 026
2010	459 471	450 980	1 931 336	135 470 579	20 983 350	22 090 612	922
2020	507 921	498 535	2 134 992	169 012 628	27 260 372	24 420 027	828
2024	428 332	420 417	1 800 449	116 036 085	17 470 888	20 593 534	794

Annexe 9

Pièces survivantes (selon valeur faciale)

Calculs réalisés avec les taux de survivance de 1909 pour la période allant de 1803 à 1914, puis avec un taux de 0,995 pour toutes les pièces pour le reste de la période.

Nombres de monnaies d'or françaises émises depuis 1803 survivantes à une date donnée (les jetons commercialisés entre 1951 et 1960 sont inclus dans le nombre de 20 francs survivantes).
Total par année en tonnes de fin.

Taux =	0,995	0,995	0,995	0,995	0,995	0,995	
An	100 F	50 F	40 F	20 F	10 F	5 F	Total (t)
1803	0	0	226 115	58 262	0	0	3
1810	0	0	1 263 692	8 135 337	0	0	62
1820	0	0	3 656 611	33 524 037	0	0	237
1830	0	0	3 970 650	33 596 500	0	0	241
1840	0	0	4 528 288	37 032 904	0	0	268
1850	0	0	4 306 901	41 782 940	592 051	0	294
1860	341 370	752 519	4 096 337	200 096 680	66 064 722	26 908 515	1 461
1870	420 293	878 650	3 896 068	260 720 637	88 572 239	44 563 208	1 906
1880	450 839	840 934	3 705 590	278 741 525	77 708 612	42 384 518	1 974
1890	526 733	800 217	3 524 424	253 608 300	68 177 537	40 312 345	1 797
1900	531 722	762 079	3 352 115	262 451 640	64 410 055	38 341 480	1 832
1910	676 030	744 473	3 188 231	312 509 582	70 733 254	36 466 970	2 140
1914	742 106	729 695	3 124 943	332 808 822	73 686 285	35 743 082	2 267
1920	720 119	708 076	3 032 359	322 948 532	71 503 145	34 684 104	2 200
1930	686 137	673 458	2 884 107	307 353 053	68 013 510	32 988 403	2 093
1940	652 592	640 533	2 743 104	292 326 602	64 688 339	31 375 604	1 991
1950	620 687	609 217	2 608 994	278 034 793	61 525 734	29 841 655	1 893
1960	590 342	579 433	2 481 440	300 917 411	58 517 749	28 382 700	2 013
1970	561 480	551 104	2 360 123	286 205 598	55 656 824	26 995 074	1 914
1980	534 029	524 161	2 244 737	272 213 044	52 935 769	25 675 288	1 821
1990	507 921	498 535	2 134 992	258 904 584	50 347 746	24 420 027	1 732
2000	483 088	474 162	2 030 612	246 246 772	47 886 252	23 226 135	1 647
2010	459 470	450 980	1 931 336	234 207 800	45 545 099	22 090 612	1 567
2020	437 007	428 931	1 836 913	222 757 411	43 318 405	21 010 605	1 490
2024	428 332	420 417	1 800 450	218 335 565	42 458 513	20 593 534	1 460

Annexe 10
Démonétisations officielles.

Cumuls du nombre de démonétisations de monnaies d'or françaises à une date donnée par valeur faciale et total par année en tonnes de fin.

An	100 F	50 F	40 F	20 F	10 F	5 F	Total (t)
1803							
1810							
1820							
1830							
1840							
1850							
1860							
1870				50 100 000			**291**
1880				50 100 000			**291**
1890				50 100 000	4 858 992	4 498 588	**312**
1900				50 100 000	4 858 992	4 498 588	**312**
1910	43	19	490	55 616 407	8 137 198	24 463 883	**382**
1914	62	24	670	55 676 402	11 735 833	24 463 904	**393**
1920	66	25	684	55 683 583	11 738 421	24 463 921	**393**
1930	66	25	684	55 683 697	11 738 432	24 463 921	**393**
1940	66	25	684	133 183 697	11 738 432	24 463 921	**843**
1950	66	25	684	180 683 697	11 738 432	24 463 921	**1 119**
1960	66	25	684	180 683 697	11 738 432	24 463 921	**1 119**
1970	66	25	684	180 683 697	11 738 432	24 463 921	**1 119**
1980	66	25	684	180 683 697	11 738 432	24 463 921	**1 119**
1990	66	25	684	180 683 697	11 738 432	24 463 921	**1 119**
2000	66	25	684	180 683 697	11 738 432	24 463 921	**1 119**
2010	66	25	684	180 683 697	11 738 432	24 463 921	**1 119**
2020	66	25	684	180 683 697	11 738 432	24 463 921	**1 119**
2024	66	25	684	180 683 697	11 738 432	24 463 921	**1 119**

Annexe 11

Frappes et démonétisations officielles de monnaies d'or françaises
(nombre de pièces par valeur faciale)

	100 F	50 F	40 F	20 F*	10 F	5 F
Frappes officielles	882 029	958 321	5 110 809	514 720 198	127 630 122	46 688 026
Fontes officielles	66	25	684	180 683 697	11 738 432	24 463 921
Fontes de 1871				50 100 000		
Total des fontes officielles	66	25	684	230 783 697	11 738 432	24 463 921
Fontes en % des frappes du type	0,0075 %	0,0026 %	0,0134 %	44,8367 %	9,1972 %	52,3987 %
Fontes en % du poids total de fin**	0,0001 %	0,0000 %	0,0002 %	38,0057 %	0,9665 %	1,0072 %

* Les 37 483 500 pièces copiant les 20F Coq (20F Pinay) commercialisées de 1951 à 1960 ne sont pas incluses dans le chiffre des frappes.
** L'ensemble des frappes de monnaies d'or représente un poids total de 3 525 879,664 kg de fin et l'ensemble des refontes 1 409 636,054 kg.

Annexe 12
Estimations de survivance des monnaies et jetons d'or français

<u>Hypothèse</u> : Taux de survivance de 1909 retenus par de Foville et Pierre Sicsic.

Nbre de pièces	100 F	50 F	40 F	20 F	10 F	5F
Taux de survivance	0,995	0,995	0,995	0,989	0,987	0,995
1914	742 106	729 695	3 124 943	332 808 822	73 686 285	35 743 082
1960	590 342	579 433	2 481 440	235 521 417	40 366 138	28 382 700
2024	428 332	420 417	1 800 449	116 036 085	17 470 888	20 593 534

<u>Hypothèse</u> : Taux unique de survivance de 0,995 à partir de 1914

Nbre de pièces	100 F	50 F	40 F	20 F	10 F	5F
Taux de survivance	0,995	0,995	0,995	0,995	0,995	0,995
1914	742 106	729 695	3 124 943	332 808 822	73 686 285	35 743 082
1960	578 623	567 931	2 432 182	294 944 050	57 356 143	27 819 290
2024	428 332	420 417	1 800 450	218 335 565	42 458 513	20 593 534

L'Or des Français

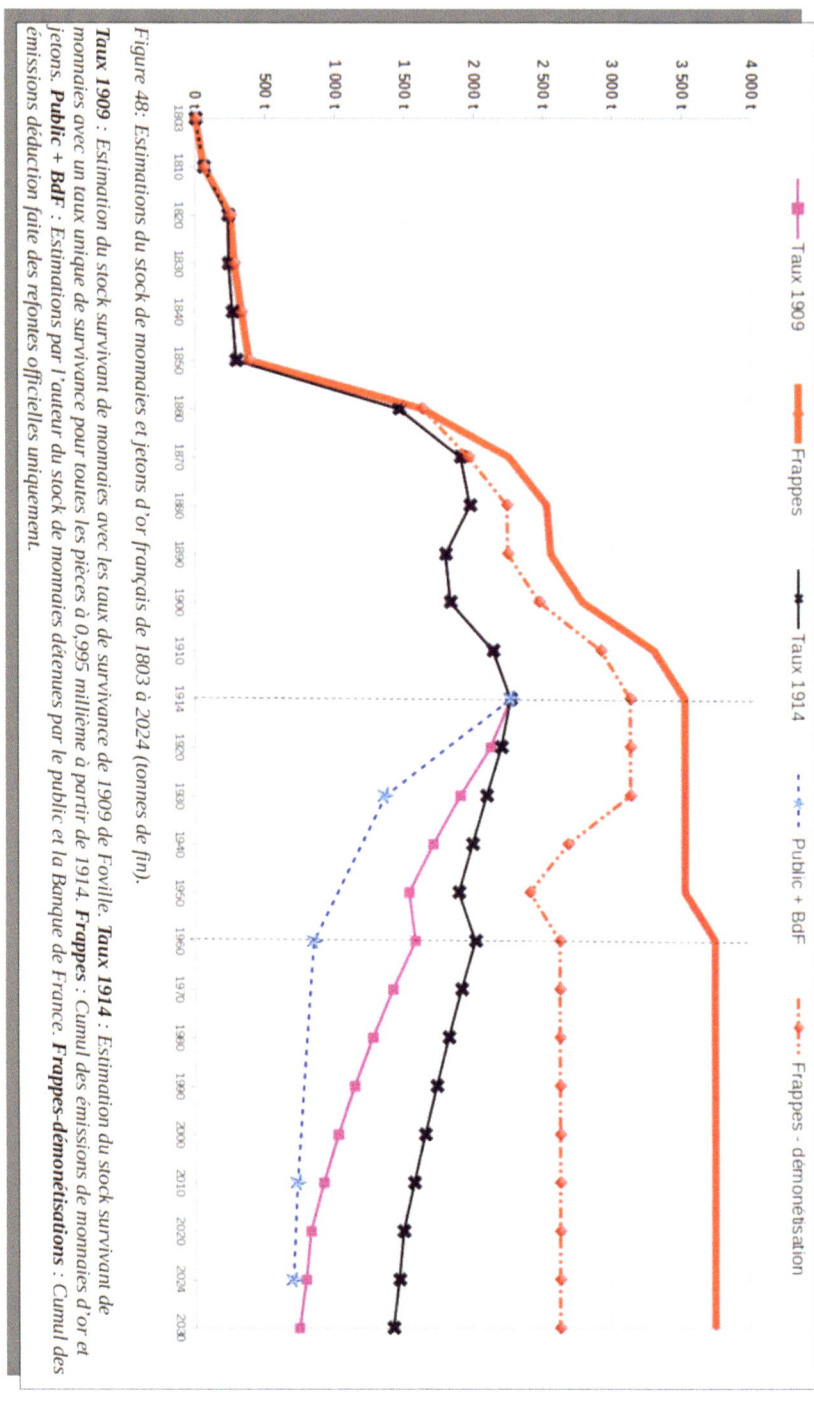

Figure 48: Estimations du stock de monnaies et jetons d'or français de 1803 à 2024 (tonnes de fin).

Taux 1909 : Estimation du stock survivant de monnaies avec les taux de survivance de 1909 de Foville. **Taux 1914** : Estimation du stock survivant de monnaies avec un taux unique de survivance pour toutes les pièces à 0,995 millième à partir de 1914. **Frappes** : Cumul des émissions de monnaies d'or et jetons. **Public + BdF** : Estimations par l'auteur du stock de monnaies détenues par le public et la Banque de France. **Frappes-démonétisations** : Cumul des émissions déduction faite des refontes officielles uniquement.

Annexe 13

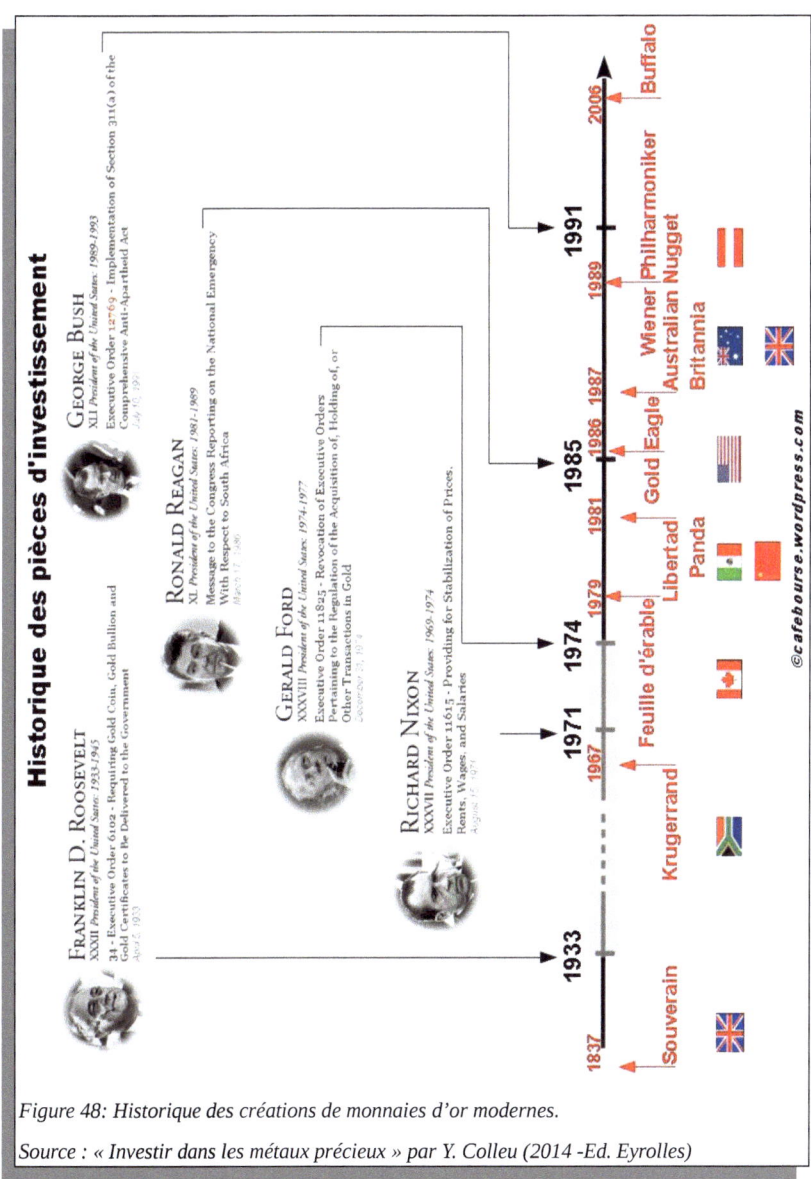

Figure 48: *Historique des créations de monnaies d'or modernes.*
Source : « *Investir dans les métaux précieux* » par Y. Colleu (2014 -Ed. Eyrolles)

Bibliographie

Bruneel, Didier. « Les secrets de l'or » (2012).
« La Banque de France dans la Grande Guerre » (2015).

CGB Numismatique. « le Franc ».

Denuc, Jules. «Essai de détermination de la circulation monétaire annuelle en France de 1870 à 1913», Bulletin de la Statistique Générale de la France, avril-juin 1932.

Evesque, **Maurice** ; « La guerre actuelle et le marché monétaire » Journal de la société statistique de Paris, tome 59 (1918).

Flandreau, M. « Coin Memories. Estimates of the French Metallic Currency 1840-1878 » dans Journal of European Economic History; Rome Vol. 24, N° 2, (Fall 1995): 271.

Foville (de), Alfred.
«La circulation monétaire de la France d'après les recensements de 1868, 1878 et 1885», Journal de la Société de Statistique de Paris, 1888.
«La circulation monétaire de la France en 1891», Économiste Français, 5 et 12 septembre 1891; «Le recensement monétaire du 15 septembre 1897», Économiste Français, 15 janvier, 5 et 12 février 1898.
«Le recensement monétaire du 15 octobre 1903», Économiste Français, 16 et 23 avril 1904.
«Le recensement monétaire du 16 octobre 1909», Économiste Français, 6 août 1910;

Gallais-Hamonno Georges, Arbulu Pedro. « La rentabilité réelle des actifs boursiers de 1950 à 1992 ». In: Economie et statistique, n°281, (1995).

Green, **Timothy**. « Central Bank Gold Reserves An historical perspective since 1845 (WGC - 1999)

Haupt, Ottomar. « L'histoire monétaire de notre temps » (1886).

Leconte, Jean-Marie. « le Bréviaire de la Numismatique Française Moderne » (1993).

Mitzakis, G. « L'or monétaire survivant » Journal de la société statistique de Paris (1971).

Niederer, Albert. « L'Union Monétaire Latine » (1976).

Pupin, René. «La circulation et la thésaurisation des monnaies d'or en France», Journal de la Société de Statistique de Paris, octobre 1917.

Prandi, Massimo. « Or : le marché libre de Paris s'achemine vers sa disparition » dans les Échos (2004).

Roulleau, G. « Les mouvements des monnaies d'or en France depuis 1926 » (1928).

Say, Léon. « Rapport fait au nom de la commission du budget 1875 sur le payement de l'indemnité de guerre » (1875).

Saint Marc, Michèle. « Histoire monétaire de la France 1800-1980. » (1983).

Sédillot, René. « Les secrets du marché de l'or » (1948).
« Le Drame des Monnaies » (1937)

Sicsic, Pierre. « Estimation du stock de monnaie métallique en France à la fin du XIXe siècle ». In: Revue économique, volume 40, n°4, 1989.

Théry, **Edmond.** « La banque de France de 1897 à 1909 » (1910).

Van Hoang, Thi Hong.
« La thésaurisation de l'or en France depuis 1914 : d'une thésaurisation monétaire à une thésaurisation refuge ». In: Revue numismatique (2012).

« Le marché parisien de l'or de 1941 à 2009 : histoire et finance ». Thèse (2010)

Index des figures

Figure 1: Article du journal Les Échos..................14

Figure 2: « Un bas de laine en Or »..................15

Figure 3: Or détenu par le public (milliards)..................17

Figure 4 : Cumuls des émissions de monnaies d'or en France et de la production mondiale d'or, et évaluation du stock détenu par les Français par la Direction Générale des Études de la Banque de France..................18

Figure 5: Article dans Les Échos du 21 novembre 2014..................23

Figure 6: Article sur le site web de FranceTransactions.com du 20 octobre 2017..................23

Figure 7: « La place de l'or dans l'épargne des Français et les moyens pour la mobiliser » par François de Lassus (CPoR Devises, groupe Tessi)..................24

Figure 8: Rapport au Ministre des finances pour l'année 1896 par l'Administration des monnaies et médailles (page XII)..................29

Figure 9: Article de Philippe Quillerier (17/02/2002) sur RFI..................31

Figure 10: Historique de la valeur or du Franc depuis 1803 et de l'Euro depuis 2000..................35

Figure 11: Production mondiale d'or moyenne par an et par période. Sources : Avant 1900 : Pierre Vilar « or et monnaie dans l'Histoire » (Flammarion 1974) ; après 1900 : rapports annuels de l'USGS..................40

Figure 12: Production mondiale d'or cumulée et émissions de monnaies d'or en francs germinal (cumulées). Sources: Pierre Vilar (Or et monnaie dans l'Histoire); USGS, Rapports de l'Administration des Monnaies et Médailles..................42

Figure 13: Volume (en tonnes de fin) des émissions annuelles de monnaies d'or en francs germinal et de jetons or de 1803 à 1960..................43

Figure 14: Volume des émissions de monnaies d'or en France selon les régimes de gouvernement..................44

Figure 15 : Eurodollars et encaisse or des États-Unis entre 1957 et 1971 (milliards de dollars)..................50

Figure 16: Statistiques de l'US Mint (USA) pour 1912..................51

Figure 17: « Cotations » suspendues..................57

Figure 18: « Cotations » suspendues..................58

Figure 19: Historique des volumes annuels de transactions (tonnes) à la Bourse de Paris de monnaies d'or (Napoléon et pièces étrangères). Source des données: Banque de France in Van Hoang (2010)..................59

Figure 20: Pourcentages des transactions attribuables aux monnaies et aux lingots. Source des données: Banque de France in Van Hoang (2010)..................60

Figure 21: Compte-rendu présenté à Monsieur le Président de la République au nom du Conseil général de la Banque de France par M. Jacques de LAROSIÈRE, Gouverneur (1992)..................61

Figure 22: Historique des volumes annuels de transactions à la Bourse de Paris de lingots d'or. Le pic de 1968 correspond à l'ouverture du marché de Paris aux étrangers. Source des données: Van Hoang (2010)..................62

Figure 23: Historique de la prime de la pièce de 20 francs or en France (1966-2014)..................63

Figure 24: Historique des soldes annuels des transactions en or d'investissement (FR, GE, EU)..................65

Figure 25: Cartographie des flux d'échange dans le marché de l'or en France (avant 2004)...................71

Figure 26: Comment transformer l'argent en or en 4 étapes..77

Figure 27: Consommation annuelle d'or à usage industriel en France de 1879 à 1936..........................79

Figure 28: EG : évolution du change de 100 dollars américains en francs de 1890 à 1928. ED : historique du prix moyen annuel en dollars de l'once d'or à New York...80

Figure 29: Article 30 de la Loi du 29 avril 1921...81

Figure 30: Part de l'or de la Banque de France / l'or de toutes les banques centrales...........................82

Figure 31: Publicité d'époque pour l'Union latine. Source: www.citeco.fr...85

Figure 32: Conférence monétaire internationale. Procès verbaux...86

Figure 33: Pièce d'essai à double valeur faciale 25 francs et 5 dollars de la Monnaie de Paris.............87

Figure 34: Pièce d'essai à double valeur faciale 25 francs et 5 dollars de l'US Mint...............................88

Figure 35: Certificat de versement d'or à la Banque de France en 1915..96

Figure 36: Comité national de l'or et des bons de la Défense nationale...97

Figure 37: Bons de la défense nationale – affiche..99

Figure 38 : Article d'un journal d'époque sur la souscription 1916 au 2ème emprunt de la Défense nationale... 100

Figure 39: « Le Bon Français souscrit à l'Emprunt » par Guy Arnoux (1886-1951).............................101

Figure 40: « Allons ! Relevons la tête ! Ce pays se sauvera une fois de plus lui-même ». Comité national de la contribution volontaire, 1926. Affiche par Jean Droit, Imp. Desfossés. A. D. de Lot-et-Garonne.111

Figure 41: Inventaire de l'encaisse or au 31 décembre 1959...116

Figure 42: Communiqué du 30 janvier 1952. (Extrait du PV de la réunion du Conseil Général de la Banque de France du 31 janvier 1952)... 121

Figure 43: À droite 20F Marianne-Coq 1909, à gauche copie réalisée entre 1951 et 1960..................122

Figure 44: Frappe de nouvelles pièces d'or de 20 francs...123

Figure 45: Abscisse : millésimes, ordonnée : R/F en ‰, 10F recensées/10F frappées. Source : Bulletin de statistique et de législation comparée- Ministère des Finances - 1er juillet 1891 page 121..............133

Figure 46: Proportion de monnaies d'or pour 1000 francs de billets, écus et monnaies d'or dans les enquêtes monétaires. Extrait de « La circulation et la thésaurisation des monnaies d'or en France » Journal de la société statistique de Paris, tome 58 (Pupin 1917) page 317..134

Figure 47: Natalité et mortalité des monnaies d'or françaises de 1795 à fin 1914.................................136

Figure 48: Historique des créations de monnaies d'or modernes...181

Index des tableaux

Tableau 1 : Sources publiant des estimations des avoirs en or des Français.................................16
Tableau 2 : Quantités de monnaie d'or par tête en 1897...20
Tableau 3 : Quantités de monnaie d'or par tête en 1897, 1911 et 1923.....................................21
Tableau 4 : Estimations d'or détenu d'après les éléments d'un sondage....................................22
Tableau 9 : Estimations de l'impact du frai en 1914, 1950 et 2024 sur les monnaies de 10 et 20 francs....29
Tableau 15 : émissions de monnaies d'or françaises en franc germinal (hors jetons)...................44
Tableau 22 : Comparaison 2023 entre Monnaie de Paris et Münze Österreich............................56
Tableau 23 : Ratio entre cumul des transactions entre 1951 et 1982 et cumul de toutes les émissions de monnaies et jetons d'or de 1803 à 1960..64
Tableau 9 : Nombre de monnaies d'or françaises démonétisées et équivalent en poids de fin...................72
Tableau 10 : Rapports des douanes d'exportation de monnaies d'or vers les États-Unis.........................76
Tableau 11 : Pièces ayant cours en France suite à loi monétaire de 1921 (Banque de France)...................85
Tableau 12 : Principales émissions de monnaies d'or des membres de l'Union Latine..............................89
Tableau 13 : Pourcentages de monnaies d'or françaises détenues dans la circulation en Belgique et en Suisse selon les enquêtes menées dans ces pays..89
Tableau 14 : évolution de l'encaisse or de la Banque de France de 1814 à 1818...................................92
Tableau 15 : Versements en or de 1915 à 1926. Source : Archives de la Banque de France.....................98
Tableau 16 : Les versements des Français et les emprunts de la France de 1915 à 1926..........................102
Tableau 17 : Envois d'or à l'étranger de juillet 1914 à 1920...102
Tableau 18 : État détaillé en poids fin de l'encaisse or de la Banque de France.....................................103
Tableau 19 : État hebdomadaire de l'encaisse or de la Banque de France de 1915 à 1918.......................103
Tableau 20 : Bilan des pertes de monnaies d'or entre 1934 et 1948..106
Tableau 21 : Les pertes de monnaies d'or dans les conflits de 1814 à 1948..107
Tableau 22 : Versements des Français à l'occasion des souscriptions aux emprunts Pinay 3,5 % 1952 et 1958..116
Tableau 23 : Les recours à l'épargne des Français de 1888 à 1958 (hors conflits)..................................117
Tableau 47 : Production de copies de pièces démonétisées de 20 francs Marianne-Coq........................124
Tableau 25 : Monnaies d'or françaises et étrangères en circulation évaluées par recensement monétaire national auprès de tous les trésoriers-payeurs généraux, receveurs particuliers, percepteurs et comptables des diverses régies financière (dont encaisse or de la Banque de France)..................131
Tableau 26 : Or monétaire* français et étranger survivant (public et Banque de France) en 1914 selon Pupin..136
Tableau 27 : Or monétaire survivant (public et Banque de France) en 1914 selon Denuc (1932)............137
Tableau 28 : Taux de survivance retenus par Pierre Sicsic..138

Tableau 29 : Montant de monnaies d'or françaises disponibles en 1914 à partir des résultats 1909 de Pierre Sicsic 138

Tableau 30 : Or monétaire survivant (public et Banque de France) en 1914 selon Sicsic (1989) 139

Tableau 31 : Synthèse des estimations de monnaies d'or survivantes en 1914 (tonnes) 139

Tableau 32 : Synthèse des estimations acceptables de monnaies d'or survivantes en 1914 (tonnes) 140

Tableau 33 : Estimation des stocks de monnaies d'or françaises et étrangères au 3 juin 1914 140

Tableau 34 : Montant maximum du stock de monnaies françaises survivantes en 1960 (hors autres pertes non prises en compte) 142

Tableau 35 : État des principales monnaies d'or disponibles détenues par la Caisse générale à la date du 31 décembre 1959 (soir) – Encaisse et Fonds de stabilisation des Changes 143

Tableau 36 : Encaisse or Banque de France (Paris & succursales) aux dates ci-dessous 145

Tableau 37 : Monnaies d'or françaises au 1er juin 1928 145

Tableau 38 : Estimation des stocks détenus par le public au 1er juin 1928 avec le pourcentage habituel de 10 % de monnaies étrangères 146

Tableau 39 : Estimation des stocks détenus par le public au 1er juin 1928 avec le pourcentage arbitraire de 5 % de monnaies étrangères 148

Tableau 40 : Estimation des stocks détenus par le public au 30 novembre 1928 avec le pourcentage arbitraire de 5 % de monnaies étrangères 148

Tableau 41 : Montant maximum du stock de monnaies françaises survivantes en 1960 calculé à partir de l'estimation faite pour 1928 (autres pertes non prises en compte) 148

Tableau 42 : Encaisse or monnayé de la Banque de France et estimation de l'or monnayé détenu par le public au 31 décembre 1959 149

Tableau 43 : Encaisse en pièces d'or de la Banque de France en 1960 et 2012 151

Tableau 44 : Détail de l'encaisse en pièces d'or de la Banque de France au 31 décembre 1959 151

Tableau 45 : Estimations des pertes de monnaies d'or françaises entre 1960 et 2012 avec différents taux de survivance 152

Tableau 46 : Monnaies d'or disponibles détenues par la Banque de France et le public en 2012 152

Tableau 47 : calculs des pertes de monnaies d'or françaises entre 2012 et 2024 avec différents taux de survivance 153

Tableau 48 : Monnaies d'or disponibles détenues par la Banque de France et le public en 2024 153

Tableau 49 : Barres et lingots admis par la Banque de France en 1948 155

Tableau 50 : Stocks estimés de monnaies d'or françaises et étrangères aux années de publication de différentes sources comparés aux résultats des calculs de survivance 156

Tableau 101 : Synthèse des estimations en monnaies d'or françaises et jetons d'or 158

Tableau 102 : Synthèse des estimations en monnaies d'or, françaises et étrangères, ainsi que jetons d'or. 158

Tableau 103 : Évènements ayant conduit à des pertes de monnaies d'or françaises potentiellement qui n'ont pas été pris en compte 159

Tableau 156 : Stocks d'or des clients de AuCOFFRE, BullionVault et Goldmoney 163

Notes

1. Loi 48-178 du 2 février 1948 modifiant le Code monétaire et financier (Livre IV-Titre II-Chapitre VI-Article L426-1).
2. https://fr.wikipedia.org/wiki/Ren%C3%A9_S%C3%A9dillot
3. « Histoire de l'or » par René SÉDILLOT publié chez Librairie Arthème Fayard (1972).
4. https://www.nytimes.com/1985/12/03/nyregion/franz-pick.html
5. Michèle de SAINT-MARC dans « Histoire monétaire de la France » (page 20).
6. « Or et monnaie dans l'Histoire » de Pierre VILAR (1974).
7. Commentaire d'Alfred de FOVILLE publié dans « L'Économiste Français » du 5 février 1898 (page 165).
8. Commentaire d'Alfred de FOVILLE publié dans « L'Économiste Français » du 12 février 1898 (page 202).
9. « Rapport au Ministre des Finances par l'Administration des Monnaies et Médailles » édition 1897, page 291. France : 772 millions de dollars, USA : 672,2 millions de dollars, Total monde : 4 143,7 millions de dollars.
10. https://www.ipsos.com/fr-fr/metaux-precieux-cest-lor-pour-les-francais
11. Entreprise désormais renommée « loomis-fxgs ».
12. L'or d'investissement est défini selon les termes du bulletin officiel des impôts : « TVA – Régimes sectoriels – Régime de l'or d'investissement » (BOI-TVA-SECT-30-10 du 16/02/2022).
13. https://www.ifop.com/wp-content/uploads/2018/03/2868-1-annexe_file.pdf
14. https://www.challenges.fr/patrimoine/epargne/lingots-pieces-etf-le-surprenant-profil-des-francais-qui-possedent-de-l-or_502538
15. https://davidgraeber.org/
16. https://journals.openedition.org/regulation/11412
17. La Banque de France par délégation de la Banque centrale européenne.
18. Pour les monnaies d'or de 20 francs et 10 francs les normes d'acceptation au cours légal suivantes ont été fixées :

    - Loi de l'an XI : 2 millièmes du poids droit.

    - Convention internationale de 1865 (Union latine) : 6,99 millièmes du poids droit.
19. G. THUILIER, « La monnaie en France au début du XIXe siècle », aux éditions Dtoz, 1983.
20. Le poids droit est le poids fixé par la loi pour un moyen de payement légal donné. Pour la pièce de 20 francs or il est de 6,45161 g au titre droit de 900 millièmes de fin.
21. Article 2 de la Convention monétaire entre la Suisse, la Belgique, la France et l'Italie conclue le 23 décembre 1865.
22. Cette pièce sur laquelle on pouvait lire la légende *Johannes Dei Gratia Francorum Rex* pesait 1 gros 1 grain de métal fin soit 3,877 grammes.
23. Forex ou FX acronymes de *Foreign exchange market* regroupe toutes les activités de cotation de gré à gré des devises. C'est un marché non régulé fonctionnant sans discontinuer tous les jours de l'année.
24. La spéculation sur les écarts entre monnaies existait avant 1976 mais sur un registre et un volume différents.
25. Ce fut le cas par exemple du franc (dit franc Marchandeau) en mai 1938 dont la limite inférieure du pair fut fixé par référence à la livre sterling : « *Désormais, le cours de 179 francs pour une livre ne sera pas dépassé.* »

26 Article 5 de la Loi du 18 Germinal An 3.

27 Loi du 28 Thermidor an III (15 août 1795).

28 Le Fonds de Stabilisation des Changes (FSC) a été créé par la loi du 1er octobre 1936. « La gestion quotidienne était confiée à la Banque de France, pour le compte du Trésor. Doté avec les bénéfices tirés de la réévaluation de l'encaisse or de 1936, le FSC reçut pour mission de réguler le cours de la monnaie nationale en maintenant sa valeur au change entre les deux limites de 43 et 49 milligrammes d'or à 0,900e. La Banque de France procédait ainsi aux achats et ventes de francs, d'or et devises étrangères pour maintenir la valeur du franc entre ces limites. » Source : « Une Banque publique ? 1936 ou la mutation initiée de la Banque de France » par Vincent DUCHAUSSOY dans Revue historique 2017/1 - n° 681.

29 « Du Franc Bonaparte au Franc de Gaulle » par René SÉDILLOT (1959).

30 On parle de prime lorsqu'une différence existe entre la valeur de l'or contenu dans la pièce et le prix de celle-ci. Exemple : à cette heure la pièce «Ors de France - Le Napoléon III, monnaie de 1000€ Or » de 10g d'or est vendue par la Monnaie de Paris 1090€ soit une prime de 86% ou un surcoût de 505€ par pièce.

31 Numération vicésimale : « En français, la nomenclature des cent premiers nombres suit le système vicésimal de 1 à 20, le système décimal de 20 à 60, et de nouveau le système vicésimal de 60 à 80 et de 80 à 100. » (Quillet 1965). Pour cette raison en français disons-nous, par exemple, « quatre-vingts » et non « octante ». Le système de numération français est donc vicésimal de 1 à 20, décimal de 20 à 60, à nouveau vicésimal de 60 à 100.

32 Bruno THÉRET, La Monnaie dévoilée par ses crises, Paris, éditions de l'EHESS, 2007.

33 « Le pied de monnaie : Un instrument de mesure des mutations des monnaies d'argent » par Christophe Vellet. (Bibliothèque nationale de France).

34 « Mémoire sur les variations de la livre tournois depuis le règne de St Louis jusqu'à l'établissement de la monnaie décimale » par Natalis de WAILLY (Paris – 1857).

35 Dossier Spécial n°170 : Le billet de banque face aux nouvelles monnaies (2021).

36 Le système décimal (1790) et le franc germinal (1803) ont remplacé le système monétaire de l'Ancien régime.

37 La Gazette nationale ou le Moniteur universel, 18 avril 1829 n° 108 (séance du 30 mars 1829). La précision du chiffre avancé par le ministre et les décimales ne manqueront pas d'interpeller le lecteur.

38 La Gazette nationale ou le Moniteur universel (page 852-853).

39 « *à raison de 3 437 F par kilo d'or fin, alors que, selon la définition du franc résultant de la loi de germinal, la valeur d'un kilo d'or fin aurait dû être de 3 444,44 F. La différence correspondait au tarif des frais de fabrication* » extrait de « Monnaie et mécanismes monétaires en France de 1878 à 1939 » par Jean-Marcel Jeanneney.

40 La Gazette nationale ou le Moniteur universel, 2 juin 1843.

41 Loi du 7-17 germinal an XI (28 mars-7 avril 1803).

42 Le Franc Poincaré est défini par 65,5 milligrammes d'or au titre de 900 millièmes, contre 322,58 milligrammes d'or lors de la création du Franc germinal par la loi du 7 germinal an XI (27 mars 1803).

43 Les monnaies d'or de 20F (ou Bazor) frappées en 1935 ne seront jamais mises en circulation.

44 Le franc-or, code ISO 4217 XFO.

45 https://www.banque-france.fr/fr/publications-et-statistiques/publications/droits-de-tirage-speciaux-emis-par-le-fmi-et-enjeux-de-leur-recyclage-vers-les-pays-les-plus

46 Cité dans « L'outillage mental des changeurs, en France, à la fin du Moyen Âge » par Yves

COATIVY publié dans Réalités industrielles (février 2009).

47 Les eurodollars sont les dollars américains déposés dans des banques situées en dehors des États-Unis.

48 https://www.universalis.fr/encyclopedie/groupe-des-dix/

49 Néanmoins les États-Unis demandaient, officieusement, à leurs partenaires de s'engager à ne pas utiliser leur droit de conversion. Le gouvernement français refusant cet engagement officieux, les États-Unis le lui feront payer en 1968 en participant activement à la descente aux enfers du franc.

50 BNP, Crédit du Nord (pour le compte de Société Générale), Banque d'Indochine, Lazard Frères, Crédit Lyonnais, Compagnie Parisienne de Réescompte (CPR), et la Bourse de Paris (ou Chambre syndicale de la compagnie des agents de change). Pour être complet il faudrait intégrer à cette liste le Fonds de stabilisation des changes (géré par la Banque de France) opérant en « sous-marin » sur le marché de l'or pour le compte du Trésor.

51 Communiqué Euronext N° 2004 – 2993 Marché libre de l'Or du 14/09/2004.

52 La société Loomis a repris le flambeau de CPR pour promouvoir l'idée qu'il existerait en France un « cours » de l'or officiel : https://coursor.fr/loomis-fxgs

53 La CADES bénéficiaire de la CRDS avait été créée pour 13 ans, initialement.

54 Exemple : « Ors de France – Le Napoléon III », pièce de 100g vendue 10 500 € (plus 6,90€ de frais de livraison !) soit une prime dissuasive de 75 %.

55 Depuis 2004 il n'existe plus de marché régulé (voir Avis Euronext n° 2004 – 2993 du 14 septembre 2004) et donc il ne peut être fait référence à aucune cotation officielle ; les prix sont désormais libres. L'honnêteté devrait pousser les commerçants à parler de prix de vente et de prix de rachat et à ne plus employer les termes « or de bourse » ou « cours du jour » laissant penser qu'il existerait un marché et un prix officiels.

56 1952 : « *Émis pour un montant de 4,28 milliards de francs, indexé sur le napoléon, 'l'or qui rapporte' comme le soulignait à l'époque le président du Conseil, l'emprunt Pinay visait essentiellement à restaurer la confiance des épargnants lésés par l'inflation de l'après-guerre. Il était assorti d'un taux d'intérêt bas (3,5 %), mais d'une carotte fiscale appréciable : l'exonération totale des droits de succession. Avantage qui fut supprimé en 1973 lorsque le taux fut porté à 4,5 %. En revanche, les intérêts demeuraient exonérés de même que les plus-values. La rente Pinay a été remboursée en totalité et par anticipation, en 1988, sous le gouvernement Chirac.* » Source : Les ÉCHOS.

1958 : « *Il est indexé sur l'or et non sur la hausse des prix : la référence est la moyenne des cours de la pièce d'or 20 francs dite Napoléon, sur le marché libre de l'or à Paris pendant les 100 dernières séances de la Bourse précédant la reprise du titre ; le cours de référence du Napoléon est celui du 1er semestre 1958, 3 600 F (inférieur de 10 % aux 3 960 F de 1952). Le remboursement est prévu par tirage au sort jusqu'en 1970, libre au-delà.* » Source : « Le plan de stabilisation Pinay-Rueff », 1958 de Michel-Pierre CHÉLINI.

57 De 1952 à 1959 ce sont 37 483 500 copies des pièces de 20 francs or type 1907-1914 qui ont été mises sur le marché. Aucun signe distinctif n'a été ajouté sur ces pièces qui aurait permis de les identifier par rapport aux monnaies de 20 francs démonétisées en 1928. Cette pratique est aujourd'hui proscrite par l'article 442-3 du Code pénal.

58 La Vreneli ayant été démonétisée le 27 septembre 1936, les copies commercialisées de 1945 à 1947 sont identifiables grâce à au millésime « L 1935 B », les suivantes, commercialisées en 1947 et 1949, grâce aux millésimes 1947 ou 1949 et à une légende spécifique insculpée sur la tranche.

59 École Doctorale des Sciences de L'homme et de la Société – Thèse présentée par Thi Hong Van HOANG et soutenue le 6 décembre 2010 « Le marché parisien de l'or de 1941 à 2009 : histoire et finance ».

60. En 1982 la moyenne journalière était de 1563 pièces de 20 francs échangées.
61. Gerald Ford : *Executive order* 11825 du 31/12/1974 annule la décision du 5 avril 1933 de Franklin Roosevelt par *Executive order* 6102.
62. Voir Banque de France – Compte-rendu des opérations 1973 (page 32).
63. https://www.liberation.fr/futurs/2004/09/16/fin-du-marche-aux-pieces-d-or_492647/
64. LBMA : *London Bullion Market Association*.
65. En août 1976 la prime moyenne par rapport au lingot LBMA a atteint 134,6 % et 114,6 % par rapport au lingot de Paris.
66. https://www.gold.org/goldhub/data
67. De 2009 à 2023 le cumul des situations nettes annuelles ne dépasse pas 24 tonnes.
68. Monnaie et mécanismes monétaires en France de 1878 à 1939 par Jean-Marcel JEANNENEY (Dans revue de l'OFCE 2012/2 n° 121).
69. *Ibid*.
70. Dans un premier temps la monnaie d'or introduite aux États-Unis fut déclarée légale par la loi du 28 juin 1834 « *Qu'il soit statué par le Sénat et la Chambre des représentants des États-Unis d'Amérique réunis en Congrès, qu'à partir du trente et un juillet prochain, les pièces d'or suivantes passeront comme de l'argent aux États-Unis, et seront recevables dans tous les paiements, au poids, pour le paiement de toutes les dettes et demandes, aux taux suivants, c'est-à-dire : les pièces d'or de la Grande-Bretagne, du Portugal et du Brésil, d'au moins vingt-deux carats de fin, au taux de quatre-vingt-quatorze cents et huit dixièmes de cent le pennyweight ; les* **pièces d'or de France neuf dixièmes de fin***, au taux de quatre-vingt-treize cents et un dixième de cent par pennyweight ; et les pièces d'or d'Espagne, du Mexique et de Colombie, de la pureté de vingt carats trois grains et sept seizièmes de grain, au taux de quatre-vingt-neuf cents et neuf dixièmes de cent le pennyweight.* »
71. Témoignage recueilli par Henri PETIT auprès de monsieur Dehaye directeur de la Monnaie de Paris : entre le 1er janvier 1830 et le 31 décembre 1834, 1849 tonnes de monnaies anciennes d'argent fondues en lingots ont permis par affinage d'obtenir 730 kilogrammes d'or. Source : « Les refontes spéculatives au XIXe siècle » (1970).
72. La Gazette nationale ou le Moniteur universel, 18 avril 1829 n° 108.
73. Suspension annoncée par un communiqué d'Euronext Paris le 30 juillet 2004 ; clôture définitive le 16 septembre 2004 annoncée par un communiqué d'Euronext Paris le 14 septembre.
74. « … *la dorure galvanoplastique s'alimente parfois, dans les petits ateliers, avec des pièces de 20 francs.* » De FOVILLE dans « La Monnaie » page 129.
75. « Le Marché des Monnaies d'Or » (De LITRA) pages 24-25.
76. Lire sur le site : http://www.numisbel.be/UML.htm « dossier « Union Monétaire Latine » par J. MOENS.
77. Récapitulatif des monnaies de l'Union latine et des pays alignés sur l'Union : http://www.unionlatine.com/lmu_all_countries.php
78. « La Monnaie » d'A. De FOVILLE (page 105).
79. Source : Conférence monétaire internationale. Procès verbaux. (Paris, Imprimerie impériale, 1867).
80. Suite à un cafouillage politique, une monnaie de 4 $ aux normes de l'Union, baptisée Stella, a néanmoins été frappée et mise en circulation. Celle-ci est une rareté numismatique.
81. Ces spécimens (fabriqués en 1879 et 1880) ont été proposés aux membres du Congrès de l'époque au coût de fabrication soit 6,50 dollars.

82	« L'Union Monétaire Latine » par Albert NIEDERER (1976) aux éditions Helvetische Münzenzeitung.
83	http://www.numisbel.be/UML.htm
84	« Le Drame des Monnaies » (Librairie du Recueil Sirey -1937) René SÉDILLOT.
85	« Comment la France a payé après Waterloo » André NICOLL (1929) page 46.
86	« Le prix à payer pour libérer le territoire » par Benjamin CONSTANTY (13 juillet 2021) dans « Deuxième cahier républicain » rédigé par l'Observatoire de la vie politique et parlementaire pour les 150 ans des Assemblées de Bordeaux et de Versailles.
87	Un mark équivalait à 0,358423 ou 1000/2790 grammes d'or fin. Des pièces d'or de 5, 10 et 20 marks ont été frappées. Cette monnaie a été créée par décision du 4 décembre 1871.
88	« Rapport fait au nom de la Commission du budget de 1875 » du 5 août 1874 par Léon SAY.
89	« Rapport fait au nom de la Commission du budget de 1875 » du 5 août 1874 par Léon SAY page 297.
90	Le montant exact est de 273 003 058,10 F (la présence d'une décimale est normale).
91	Loi du 5 août 1914 : porte de 6,8 à 12 milliards de francs la possibilité d'émission de la Banque de France, proclame le cours forcé du billet et instaure, de facto, la non-convertibilité du franc.
92	« L'effort financier de la France et les règlements de comptes internationaux 1915-1916 » par Revue d'économie politique Volume 31 (1917).
93	Contrairement à l'Allemagne où la détention d'or sera déclarée illégale.
94	Archives de la Banque de France : Communication du Caissier général du 24 mars 1929 en réponse au député JOUVIN secrétaire de la Commission des finances de l'Assemblée.
95	En 1915 emprunt « Je donne ma vie, versez votre sang » émis à 87,25 F pour 100 F, en 1916 emprunt « On les aura » à 87,50 F pour 100 F, en 1917 emprunt « Contre les Allemands » à 68,60 F pour 100 F et en 1918 « Emprunt de la Victoire » à 70,80 F pour 100 F. Source: « Les emprunts nationaux pendant la Grande Guerre » par Olivier FEIERTAG (2014).
96	Memorandum sur les balances des payements et sur les balances du commerce extérieur 1911-1925 (S.D.N., 1926).
97	En 1914 la réserve d'or des États-Unis était évaluée à 863 millions de dollars. En 1918 ce montant passe à 2 248 millions de dollars soit un bond de + 160 % en 4 ans. Source : *Federal Reserve Bulletin* – février 1920.
98	https://www.archivespasdecalais.fr/Decouvrir/Chroniques-de-la-Grande-Guerre/Histoires-de-la-Grande-Guerre/Les-deplacements-des-civils-en-temps-de-guerre
99	« La Banque de France dans la Grande Guerre » Didier BRUNEEL - pages 73 et 106.
100	Chiffre variant, selon les auteurs, de 87 tonnes à 116 tonnes, tiré de « Comment évaluer les pertes matérielles de la France en guerre », (Revue Bleue, du 3 février 1917), repris et moyenné à 100 tonnes par René PUPIN dans « La circulation et la thésaurisation des monnaies d'or en France » (Journal de la société statistique de Paris, 1917 – page 319).
101	« Les secrets de l'or » par Didier BRUNEEL (2011) pages 106 et 180.
102	https://military-history.fandom.com/wiki/Devisenschutzkommando
103	https://fr.wikipedia.org/wiki/Emprunt_russe
104	Par un ukaze du Tsar du 2 septembre 1914, Petersbourg (nom à consonance germanique) était renommée Petrograd.
105	« Où est l'or impérial russe ? Un siècle de recherches infatigables » 05 février 2018 par Alexeï TIMOFEÏTCHEV (Russia Beyond).
106	« L'Allemagne paiera » (TARDIEU, 2 septembre 1919) en réponse à une question budgétaire

« Mais, qui paiera ? ».

107 Alors que les lois de 1919 et 1921, toujours en vigueur, interdisaient le négoce des monnaies nationales au-dessus de leur valeur faciale.

108 Source : Archives Banque de France du 11 janvier 1929 et « Les mouvements des monnaies d'or en France depuis 1926 » par G. ROULLEAU dans Journal de la société statistique de Paris, tome 69 (1928).

109 Source : « Le marché parisien de l'or de 1941 à 2009 : histoire et finance » Thi Hong Van HOANG p77.

110 Compte-rendu du 11 mars 1937 du Comité permanent de la Banque de France.

111 Source : Compte Rendu des Opérations Présenté à Monsieur Le Président de la République au Nom du Conseil Général de la Banque de France par M. Emmanuel MONICK, Gouverneur (1947).

112 Livre sterling, dollar américain, franc suisse, couronne suédoise et dollar canadien.

113 Une refrappe est une monnaie frappée, à l'identique, avec les coins d'une monnaie émise antérieurement. Exemple : 20 francs or 1914 refrappées en 1921. « *L'exemple le plus évident et le mieux documenté de refrappe de souverains en or est celui des pièces de la Monnaie de Londres de 1925. En 1949, la Royal Mint a frappé et émis des souverains, presque certainement pour répondre à la demande du marché des lingots souverains, contrôler la hausse des primes et pour des raisons de contre-contrefaçon. Il semble qu'ils n'aient pas eu le temps de préparer les matrices et d'obtenir l'autorisation nécessaire pour frapper des pièces datées de 1949 avec le portrait de George VI. Ils ont donc réutilisé des coins existants. La date la plus récente du souverain frappé par la Royal Mint était 1925, de sorte que tous les souverains frappés en 1949 étaient datés de 1925. Cela s'est répété en 1950 et 1951.* » Source : CHARDS.

114 Le Franc Poincaré à sa création le 25 juin 1928 est défini par 58,95 milligrammes d'or fin. À partir du 26 décembre 1945 et la ratification par la France des accords de Bretton Woods seul le dollar reste convertible en or au taux de une *once troy* de fin pour 35 dollars.

115 Le lecteur qui souhaiterait entrer dans les détails de cette affaire lira avec bénéfice l'excellent article de Jean-Luc GRIPPARI, « *Pièce 20 francs Napoléon jeton : la genèse des médailles en or Marianne Coq de 1951 à 1960* » sur le site internet loretlargent.info.

116 Source : Ministère des Finances – Direction des Finances Extérieures- 2ème Bureau- N° 488 CD du 30 octobre 1951.

117 L'Article 442-3 du Code pénal précise : « *La contrefaçon ou la falsification de pièces de monnaie ou de billets de banque français ou étrangers **n'ayant plus cours légal** ou n'étant plus autorisés est punie de cinq ans d'emprisonnement et de 75 000 euros d'amende.* »

118 Page 21 de « Exercice 1951 – Compte Rendu des Opérations Présenté à Monsieur Le Président de la République au Nom du Conseil Général de la Banque de France par M. Wilfrid BAUMGARTNER, Gouverneur et Rapport de MM. Les Censeurs ».

119 Source : archives du Service des archives économiques et financières (SAEF). Boite n° HMM-0000038.

120 Les publications de « Rapport au Ministre des Finances par l'Administration des Monnaies et Médailles » ont commencé en 1896, à un rythme annuel jusqu'en 1913 puis sur une périodicité plus longue et variable ensuite, pour terminer par le 30e rapport portant sur la période 1967-1976. L'origine de ces rapports remonte à la création de l'Union monétaire latine. Leur contenu abordait tous les aspects économiques et monétaires des pays de l'Union. La couverture du rapport s'est ensuite élargie à tous les pays de la planète frappant des monnaies d'or et d'argent. La sortie de ces rapports était un événement monétaire mondial à l'époque et une réelle mine d'informations. La France étant le seul pays, avec les États-Unis, à produire un tel état mondial des monnaies sa publication était alors très attendue et très étudiée.

121 Les chiffres pour les années 1951 à 1956 apparaissent dans le rapport 1948-1956 à la ligne « Recettes d'exploitation : remboursement des frais de fabrication des monnaies d'or françaises et produit des tolérances en faible sur le titre et le poids de ces monnaies ». Pour l'année 1957 le rapport 1957 – 1966 ne fait apparaître qu'une seule ligne cumulant les résultats de toutes les frappes de pièces, tous métaux confondus. Il est donc impossible d'y identifier les frappes de pièces d'or.

122 « Investir dans les métaux précieux – Le guide pratique complet » Yannick COLLEU (éditions Eyrolles – 2014) page 230.

123 Tous ces chiffres sont arrondis. Avec la prise en compte de l'écart-type des mesures les copies se situent dans la fourchette [901,04623 ‰ – 899,72428 ‰].

124 Document « Mouvements de l'or en 1956 (en tonnes d'or fin) » Service du Patrimoine historique et des archives (Banque de France).

125 À 70 000 €/kg cette « économie » représente aujourd'hui 45 800 000 €.

126 Larousse : « *Autrefois, tout crime commis par un fonctionnaire public dans l'exercice de ses fonctions.* »

127 Selon les définitions données par l'article premier du Règlement (CE) N° 2182/2004 du Conseil du 6 décembre 2004 concernant les médailles et les jetons similaires aux pièces en euros : « *des objets métalliques, autres que les flans destinés à la frappe des pièces, qui ont l'aspect de pièces et/ou en possèdent les propriétés techniques, mais qui ne sont pas émis en vertu de dispositions législatives nationales ou de pays tiers participants ou d'autres dispositions législatives étrangères et qui ne constituent donc ni un moyen de payement légal, ni un cours légal.* »

128 https://fr.wikipedia.org/wiki/Alfred_de_Foville

129 Le montant en monnaies d'or frappées est parfaitement connu. L'Administration des Monnaies et Médailles en donne le détail :

- de 1803 à 1906 dans son Rapport au Ministre des Finances de 1907 (pages 51 à 58)

- de 1907 à 1923 dans son Rapport au Ministre des Finances de 1919-1923 (pages 133 à 135).

130 Les refontes officielles de 1803 à 1923 sont données dans le Rapport au Ministre des Finances de 1919-1923 (page 136).

131 Dans l'édition de 1898 du « Rapport annuel du Directeur des Monnaies et Médailles au Ministre des Finances » Alfred de FOVILLE décrit par le détail l'enquête initiée le 15 septembre 1897 sur la base du recensement des caisses à la clôture de journée.

132 Le lecteur qui chercherait à se documenter sur le mode d'organisation et les résultats d'une enquête monétaire pourra consulter le Rapport de 1898 au Ministre de l'Administration des Monnaies (page 115 – Annexe XXVII).

133 De FOVILLE dans « L'Économiste Français » (page 200 de l'édition du 6 août 1910).

134 René PUPIN « La circulation et la thésaurisation des monnaies d'or en France » dans le Journal de la société statistique de Paris, tome 58, p. 308-324 (1917).

135 https://fr.wikipedia.org/wiki/Int%C3%A9r%C3%AAts_compos%C3%A9s

136 La perte réelle calculée avec ce taux de perte 5 % par an est en fait de 2822 millions de francs.

137 Jules DENUC, « Essai de détermination de la circulation monétaire annuelle en France de 1870 à 1913 » dans Bulletin de la statistique générale de France, (1932).

138 Pierre SISIC « Estimation du stock de monnaie métallique en France à la fin du XIXe siècle » dans Revue économique, volume 40, n°4, pages 709-736 (1989).

139 L'encaisse or était crédité de 543 tonnes de lingots qui ne sont pas pris en compte dans le tableau qui suit.

140 En particulier dans le procès verbal du 25 octobre 1951.

141 Ce principe économique a été révélé par Aristophane (445-380 av. J.-C.) dans « l'Assemblée des Femmes ». L'origine de l'appellation « loi de Gresham » a été attribuée à l'économiste H.D. Macleod au XIXe siècle.

142 Article L213-1 : « *Les archives publiques sont, sous réserve des dispositions de l'article L. 213-2, communicables de plein droit.* »

143 Article L213-2 : « *Par dérogation aux dispositions de l'article L. 213-1 : I. – Les archives publiques sont communicables de plein droit à l'expiration d'un délai de : 1° Vingt-cinq ans à compter de la date du document ou du document le plus récent inclus dans le dossier : a) Pour les documents dont la communication porte atteinte au secret des délibérations du Gouvernement et des autorités responsables relevant du pouvoir exécutif, à la conduite des relations extérieures, à la **monnaie et au crédit public**, au secret des affaires …* »

144 Article L311-5 : « *Ne sont pas communicables : … 2° Les autres documents administratifs dont la consultation ou la communication porterait atteinte : a) Au secret des délibérations du Gouvernement et des autorités responsables relevant du pouvoir exécutif… e) À la **monnaie et au crédit public**…* »

145 https://www.banque-france.fr/fr/strategie-monetaire/marches/gestion-or

146 Ici l'auteur fait la supposition que « *plus de la moitié* » pourrait se traduire par 51 %.

147 *London Bullion Market Association* : un lingot normalisé « *Good Delivery Market Standards* » fait entre 10,8862 et 13,3744 kg à 995 millièmes et doit répondre à des formes et dimensions très précises.

148 Seules les monnaies en or sud-africaines Krugerrand et mexicaines Libertad ont un cours légal lié à leur valeur intrinsèque.

149 https://www.aucoffre.com/societe/audit-de-nos-coffres

150 https://www.goldmoney.com/real-time-position

151 https://or.bullionvault.fr/audit.do